Penguin Books

Parlez-vous Franglais?

Professeur Miles Kington a passé toute sa lifetime dans la recherche de Franglais. Son obsession avec Franglais date de l'âge de 3½, quand il a fait son premier day-trip à Boulogne.

'Les choses étaient difficiles,' il réminisce. 'Pour une chose, c'etait 1944 et la ville était crawling avec Boches. Pour une autre chose, je n'avais pas un passeport. Well, j'étais seulement un toddler.

'Anyway, j'étais dans ce bar, right, et j'ai dit au barman, Hey, Monsieur Barman – je veux faire le spending d'un *penny*! Mais le barman ne comprenait pas mon lingo et me donna un *Pernod*. C'était fantastique! Well, j'ai acheté six Pernods et le jour après j'avais mon premier hangover. Mais j'avais découvert le Franglais.'

Kington a passé son adolescence à Dieppe et à Newhaven, notebook à la main, écrivant les mots des trippers, addicté à cette language parlée seulement par les holidaymakers anglais et par M. Edouard Heath. A-t-il jamais rencontré le fameux Monsieur 'Eath?

'Non, hélas, mais j'ai rencontre le Général de Gaulle. C'est le high-spot de ma vie, prob. Ah, quel héros, ce général! Quelle dignité! Quelle noblesse! Quel grand hooter! Il était un exemple pour tous les blokes qui ont les oversize conks . . .

'J'étais à Paris une fois. Général de Gaulle passait dans la rue. Il avait six bodyguards, tous midgets comparés à lui. Eh bien, j'ai pénétré ce cordon et j'ai dit au général: Mon général, mon général! Donnez-nous votre autographe! Ce n'est pas pour moi, c'est pour ma fille, qui a un grand snout comme vous!

'Il me regarda. Puis il tourna aux gorilles et dit (c'est unforgettable): Qui est ce loony? Donnez-lui un petit souvenir.

'Après ça, les gangsters ont sauté sur moi et m'ont donné un working-over. J'ai toujours un petit limp. Mais c'était un moment unique pour moi.'

Miles Kington habite maintenant à Notting Hill, mais il est Visiting Professeur de Franglais à North Sussex University.

'J'ai fait deux visites. C'était un peu difficile, parce que j'étais handicappé par le fact que j'ignorais les whereabouts de l'University. So far, je ne l'ai pas trouvé. Mais c'est seulement une matière de temps.'

Il travaille maintenant sur sa masterpiece: L'Oxford Book de Littérature Franglaise.

Parlez-vous Franglais?

Let's Parler Franglais III

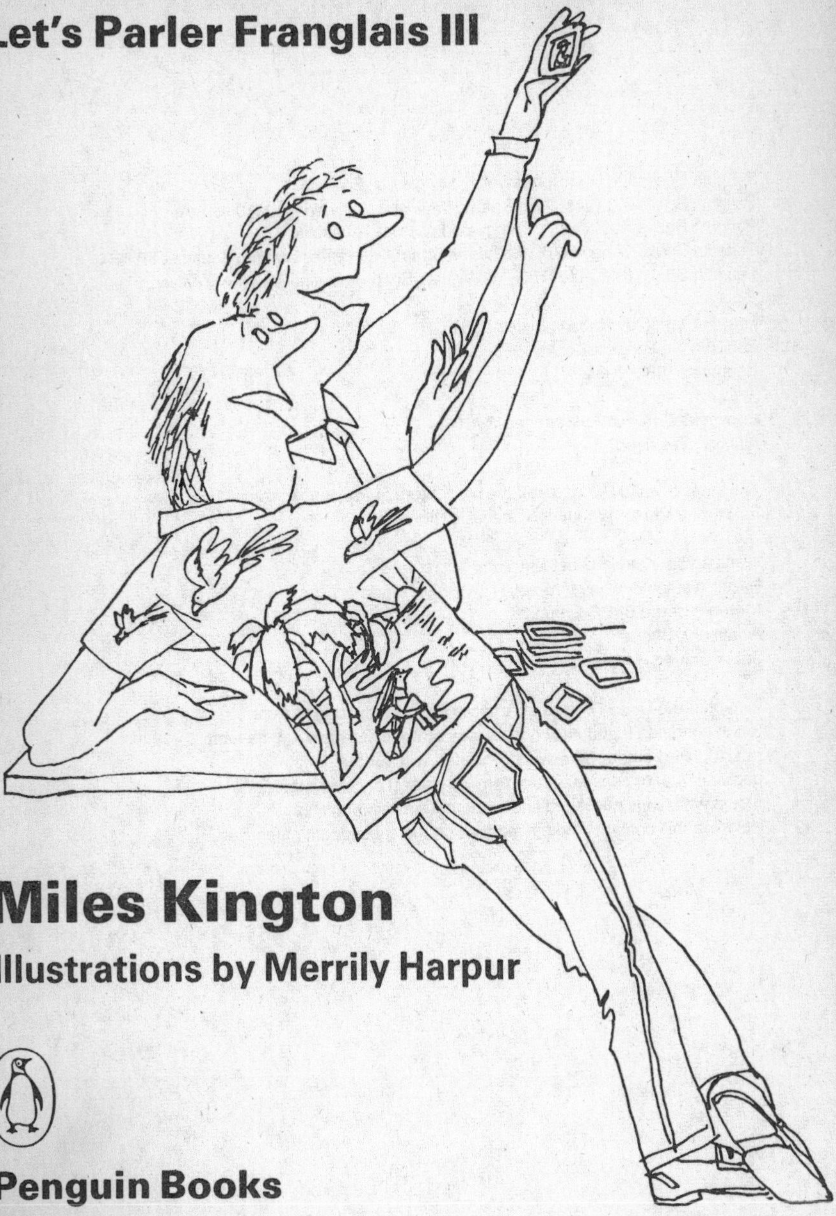

Miles Kington

Illustrations by Merrily Harpur

Penguin Books

Penguin Books Ltd, Harmondsworth, Middlesex, England
Penguin Books, 40 West 23rd Street, New York, New York 10010, U.S.A.
Penguin Books Australia Ltd, Ringwood, Victoria, Australia
Penguin Books Canada Ltd, 2801 John Street, Markham, Ontario, Canada L3R 1B4
Penguin Books (N.Z.) Ltd, 182–190 Wairau Road, Auckland 10, New Zealand

First published by Robson Books 1981
Published in Penguin Books 1983
Reprinted 1983, 1984

The author would like to thank the proprietors of *Punch* magazine
for permission to reproduce material in this book

Made and printed in Great Britain by
Hazell Watson & Viney Limited,
Member of the BPCC Group,
Aylesbury, Bucks
Set in Univers

Preface

par "Petit" Rowland

Bonjour, tout le monde. C'est la face inacceptable du capitalisme speaking. Qui a dit ça ? C'est M. Edouard Heath qui a dit ça. Et où est M. Heath à ce moment dans le temps ? Il est nowhere. Et moi, l'inacceptable face, ou suis-je ? Je suis everywhere. Dis no more.

Anyway, c'est by the by. Je suis très honoré de l'invitation d'écrire la préface de, hold on, j'ai le nom somewhere, de "Parlez-Vous Franglais ?" C'est un proof, je crois, que je ne suis pas seulement un pretty face. Capitalisme, c'est une chose ; écrire la préface d'un livre de culture comme "Parlez-Vous Franglais ?" c'est une autre. Pour moi, c'est un proud moment. M. Edouard Heath, a-t-il été invité à faire la préface ? Hein ? Eh bien ? Non, c'est moi ! Cela prouve quelque chose, je pense.

Anyway, c'est irrélévant. J'ai lu ce livre, et . . . ce n'est pas absolument correcte. Une compagnie subsidiaire a lu ce livre, et le Lonrho Book Preface Research Institute (c'est le nom du subsidiaire) me dit que c'est un livre profitable et viable, avec potential de développement. Maintenant, j'écris cette preface. Et après, je vais acheter 51% des shares dans ce livre. C'est une expression de ma confiance et de mon commitment pour cette invention anglaise !

Oui, je mets mon argent dans le meme lieu que ma bouche.

Avec moi, c'est l'action, pas le talking.

Pas comme some people.

M. Edouard Heath, par exemple random.

Mais je digresse. Achetez ce livre ! Merci.

"Petit" Rowland

Une Preface Lonrho. Tous inquiries à Tiny Towers, W1.

Introduction
Et Instructions Pour Usage

Bonjour.

Si vous êtes un first-time reader de Franglais, welcome! Franglais est comparativement painless et ne donne pas un hangover. En quantités judicieuses, il est mind-blowing. Ayez fun.

Si c'est votre second livre de Franglais, welcome encore! Un docteur écrit: "Une extra course de Franglais est, par et large, harmless. Prenez une petite dose trs fs pr jr, après les meals, avec votre cognac, liqueur, Perrier etc. Si vous avez des symptomes franglaises (odeur de garlic, shrugging des épaules, gestures continentales et embarrassantes etc.) n'hésitez pas à voir votre docteur. Si vous ne pouvez pas voir votre docteur, envoyez-lui l'argent, en fivers usés. Merci."

Si vous avez tous les trois livres de Franglais, congratulations—vous êtes maintenant l'outright owner! L'auteur écrit: "Vous avez tous les *trois*? Vous avez bien compté? Ce n'est pas une joke ou un leg-pull? Vous ne dîtes pas cela simplement pour me faire plaisir? Mon dieu. Pour moi, c'est un moment très proud. Vous avez rendu très heureux un vieux homme. Je me sens un peu faible. Garçon—encore un Calvados! Et quelque chose pour mon reader. Non, le publisher va payer . . ."

Acknowledgements

(Continué de Vol II)

. . . à la wife, aux enfants, aux babysitteurs, au chap upstairs, au milkman (*double* crème, next time, hein ?), aux dancing girls qui ont garanti le fabuleux succès de mon birthday party, M. Weston de Much Marcle pour son knock-out cidre, M. Roy Plomley (qui refuse toujours à m'inviter sur son île déserte), the Police qui fait un excellent job dans des conditions difficiles, la Théâtre de Bush, Pete Odd, Michel Holroyd qui écrit mon biography, Valéry St. John Stevas, l'équipe de Wrexham F.C. despite une saison désappointante, l'Opéra Comique de New York, Gary Glitter (et tout le best avec le come-back), Trevor Stephenson pour son street map de Lima, M. Sturmey et M. Archer pour leur fab gear, George Washington pour sa kind permission de mettre son mug sur les dollars, aux Lignes Circle et Districte pour permettre les bicyclettes (wake up, Central !), à la wife, non, hold on, j'ai dit cela déjà, à la girlfriend, a Joanna Lumley pour son excellent article dans le Listeneur, les producteurs du vieux Calvados, Phil et tout le monde à Athgarvan, Lord Freddy Laker (il n'est pas un lord ? Seulement une matière de temps), tous les taximen qui permettent ma contrebasse dans leurs cabs, Stanley Reynolds pour son excellente imitation de, je crois, Robert Mitchum, tous les backroom garçons à Robson, Michael Heath pour son excellente imitation de, je crois, Stanley Reynolds, David "Lightning Blues" Barlow, pour son inspiration avec le Porteur de l'Hôtel de Nuit . . .

(Continué dans Vol IV)

Ce livre est le property de ______________________

Numéro de telephone ______________________

Couleur de yeux ______________________

Intérieur jambe ______________________

Numéro de yeux ______________________

Couleur de jambe ______________________

Groupe de blood ______________________

Prochain de kin ______________________

Si je suis involvé dans un accident, mon groupe de vin (pour transfusion) ______________________

est ________ Couleur ________ Château ________ Vintage ________

Lessons

Lesson Un

Le Car Rental

Client: Bonjour.

Cargirl: Bonjour, monsieur ! Un wonderful hello de Gottfried Avis ! Nous sommes ici pour vous donner du plaisir ! Nous avons toute sorte de voiture fantastique ! Votre wish est notre commande !

Client: Yes, well. J'ai réservé un Ford Stagecoach avec un roof-rack.

Cargirl: Oui ! Terrifique ! Quel nom ?

Client: Kapok.

Cargirl: Carpark ?

Client: Kapok.

Cargirl: Quippec ?

Client: K-a-p-o-k.

Cargirl: Bon. Alors, M. Kopek, quelle sorte de voiture vous avez réservée ?

Client: Un Ford Stagecoach avec roof-rack.

Cargirl: Bon. OK. Super. Le thing est, nous n'avons pas de Ford Stagecoach.

Client: Oh dear.

Cargirl: Je peux vous offrir un Chrysler Sonata, un Morris Richardson ou une Rolls-Royce.

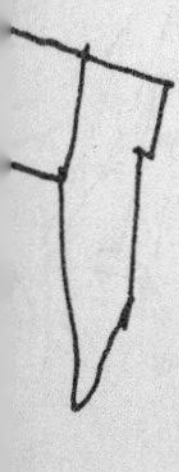

Client: Non, merci.

Cargirl: Au même prix.

Client: Non, merci.

Cargirl: Hmm. Vous êtes un client difficile. Vous préférez peut-etre un Lotus Formula X-100 ? Comme featuré dans le Grand Prix du Nurburgring ?

Client: Avec roof-rack ?

Cargirl: Well, non.

Client: Non, merci.

Cargirl: Si c'est le luggage qui vous concerne, je peux vous offrir un Boeing 727. Il y a beaucoup de freightspace et legroom, et c'est le même prix que le Ford Stagecoach.

Client: Un Boeing 727, ce n'est pas très commode pour aller à Hove. Il n'y a pas de strip à Hove.

Cargirl: C'est vrai. Alors, je peux vous offrir un special train charter express à Hove. Pour le même prix que le Ford Stagecoach.

Client: Avec roofrack ?

Cargirl: Well, non. Vous insistez sur le roofrack ?

Client: Oui.

Cargirl: Alors, je peux vous offrir un roofrack seul. Garanti sans voiture.

Client: Pour le même prix qu'un Ford Stagecoach ?

Cargirl: Oui.

Client: Done.

Cargirl: Bon.

Lesson Deux

A l'Opéra

Jack: Eh bien, que pensez-vous du premier acte?

Jill: C'est wonderful! Les voix . . . les costumes . . . la scénerie . . . ah, j'aime Spontini!

John: Ce n'est pas Spontini. C'est Martini. C'est son *L'Aperitivo.*

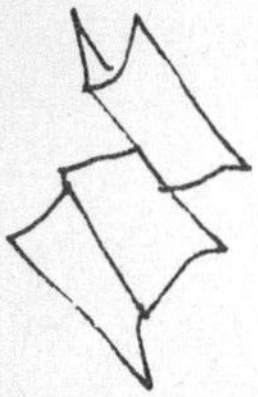

Joan: Tu es sur? Je pensais que c'était *La Differenziale* de Ferrari.

Jack: Regardons le programme.

John: Gros lot de use. Il n'y jamais rien dans le programme, excepté a) les reviews de restaurants b) une histoire du Jardin du Couvent c) les biographies mendacieuses et fallacieuses de chanteurs.

Joan: Mais c'est un opéra italien, n'est-ce-pas?

John: Pourquoi?

Joan: A cause de tout le mayhem, et le dos-stabbing, et la hanquille-panquille. Et les mots sont italiens.

Jack: Allemands, je crois.

Jill: Ah non! Ce n'est pas

Wagner, par hazard?

Tous: God forbid!

Jack: Phew.

Joan: En tout cas, Sodaström est fantastique.

Jill: Oui, Sodaström est divine.

Jack: Quelle dommage qu'elle ne soit pas ici ce soir.

Jill: Mais—ce n'est pas elle? La mère? La mère du fils? La mère du fils avec la fiancée? La fiancée qui est horriblement out of tune?

John: Non. C'est Victoria de San Francisco. Le fils est Otto Matik.

Jill: Et qui est le bloke avec la busty blonde?

Jack: C'est Bernard Levin.

Jill: Non—sur la stage?

Jack: Le bloke qui a chanté l'aria: 'Good friends, I go to fish for herrings'?

Jill: Oui.

Jack: C'est Dietrich Fischer-Disco.

John: Un moment. Un moment. S'il a chanté en anglais . . .

Tous: Oui . . . ?

John: C'est un opéra de Benjie Britten!

Tous: Ah non! C'est affreux! Quelle horreur! Une soirée de rubbish anglais! etc. . . .

Annoncement: Le rideau du deuxième acte de *Snape River* par dear old Ben se lèvera en trois minutes. Je répète: back to your stalls *immédiatement*!

John: Non! Je rébelle! Dans une société libre, il est permis de dire: j'opte out.

Tous: Nous aussi!

Jack: Bon. Je propose une visite au Club de Ronald Ecossais, où Georges Mêlée chante.

Tous: Top trou! Absolument! Bloody bonne idée! etc. . . .

Lesson Trois

Le Catering de Noël

Maman: Chéri?

Papa: Mmm?

Maman: Il me faut £50.

Papa: Pourquoi? Tu es dans le grip d'un blackmaileur?

Maman: Non. Mais aujourd'hui je vais commencer le shopping pour le jour de Noël, et le dinner Noëlesque.

Papa: £50 pour un dinner? C'est extortion.

Maman: Non, mais réfléchis. Il faut acheter un turkey, sprouts de Bruxelles, pud de Noël, sauce de Cognac, dattes, nuttes, figges, tangérines, gâteau d'Xmas, ecstase Turquoise, des craqueurs, pies de mince, chocs aux liqueurs, stuffing de sauge et oignons . . .

Papa: Un moment, un moment! Est-il vraiment nécessaire, ce spread, ce blow-out? Pourquoi, toutes les années, un banquet Felliniesque, une orgie de Yule, une explosion Alka-Seltzérienne?

Maman: Tu as une suggestion

alternative?

Papa: Oui. Un repast frugal. Un peu de céléri, un peu de fromage, un Perrier. C'est parfait.

Maman: Perrier? Le Noël? Perrier, c'est pour le Jour de Pugilisme.

Papa: Eh bien . . . quelques bouteilles de Beaujolais nouveau.

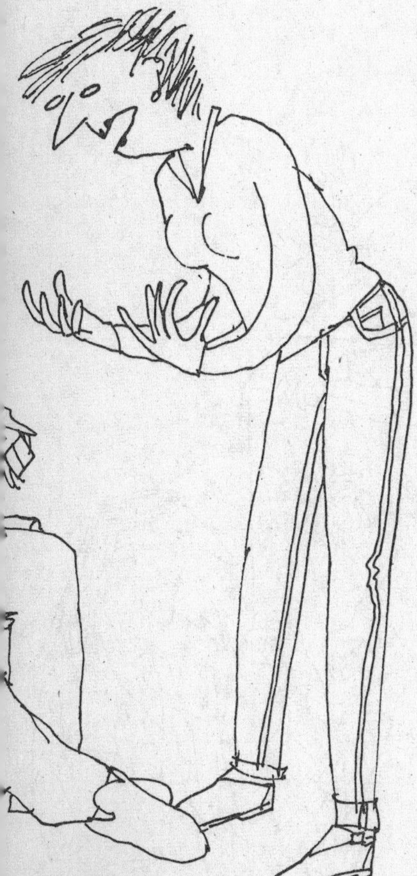

Maman: Oh, c'est très festif, je ne crois pas. Quel joli treat pour les enfantes et les parents. Un peu de holly dans un Ryvita.

Papa: Personellement, je blâme Prince Albert. Il a inventé l'arbre de Noël (avec le pine-needle-dropping problem), la carte de Noël (avec le greeting UNICEF en cinq languages), le carol-singing (via le medium de l'entryphone) et le heavy dinner d'Xmas. Moi, je dis—à bas les imports de Germany!

Maman: Tu préfères le spaghetti bethlehemais? Le tandoori turkey?

Papa: Pourquoi pas? C'est une change.

Maman: Tu es hopeless. Pense aux enfants! Noël, c'est une occasion pour les jeunes.

Papa: OK, j'appelle ton bluff. Enfants! Venez ici!

Emma, Lucy: Oui, papa?

Papa: Tu as une choix pour le dinner de Noël. Turkey avec tous les trimmings. Ou un light lunch, comme a eu le bébé Jesus. Un stableman's lunch, quoi.

Emma: Turkey est boring.

Lucy: Le light lunch est grotty.

Emma, Lucy: Nous voulons des doigts de poisson! Le Grand Mac! Le donner kebab! Le tray de relishes . . .

Maman: C'est ridiculeux. Vous aurez le turkey, comme normal, avec sauce de pain, sauce de currant rouge etc. £50, svp.

Lesson Quatre

A l'Auction

Auctioneer: Allant une fois! Allant deux fois! Allé! (*Il donne un bang avec le gavel.*) Lot 52, *My Old Lady* par Whistler, sold au gentleman anonymeux avec le chèquebook. Maintenant, Lot 53. C'est un magnifique painting de Cannelloni (1567–1624), *Le Martyrdom de Saint Sébastien.* La propertie d'un country gentleman. La painting a été dans la famille depuis yonks, mais il est obligé de réaliser ses assets. Question de duties de mort. La vieille histoire. OK, qui va commençer? J'écoute £2m? (*Silence*) Messieurs? C'est un Cannelloni très rare. Une fois dans une lune bleue . . .

Bidder: Ce n'est pas un Cannelloni.

Auctioneer: Qui dit ça?

Bidder: Moi, je dis ça!

Chorus de Bidders: Nous disons tous ça!

Auctioneer: OK, OK. Assez fair. Vous avez peut-être raison. Je vais proposer une compromise. *Le Martyrdom de Saint Sébastien,* Ecole de Cannelloni (?1560–?1620). Maintenant, qui va offrir £1m? (*Silence*) Messieurs? C'est un painting, école de Cannelloni. Très bonne école. Quatre scholarships à Oxford chaque année, et excellent record de rugby.

Bidder: Ce n'est pas sixteenth century.

Auctioneer: Qui a dit ça?

Bidder: Moi encore.

2ème Bidder: Il a raison. C'est twentieth century.

3ème Bidder: C'est une fake.

Auctioneer: Ah. Maintenant que je regarde, je vois que vous êtes bang on. C'est une copie moderne. Mais, messieurs, quelle copie! Une masterpiece de la forgerie! Bon. Imitation en le style de Cannelloni (1900–?). Qui va offrir £500?

Bidder: Ce n'est pas une genuine fake.

Auctioneer: Je ne vous comprends pas.

Bidder: Ce n'est pas hand-made. C'est mass-produced.

Auctioneer: Oui, à être exact, ce n'est pas une copie originelle. C'est une page du *Sunday Times* Colourmag. Au revers, il y a un ad original pour Scotcade. Bon, une photo d'une painting en le style de Cannelloni. Qui va offrir 50p?

Gentleman: Un moment! Je viens de regarder *My Old Lady* par Whistler, pour laquelle j'ai payé £3m. C'est un postcard!

Auctioneer: OK. Pas £3m. 40p. Avec cette Cannelloni, thrown in gratuit. Maintenant, Lot 54, une page de notebook de Leonardo da Vinci. Absolument blank. Qui va offrir 80p?

Dans le Casualty

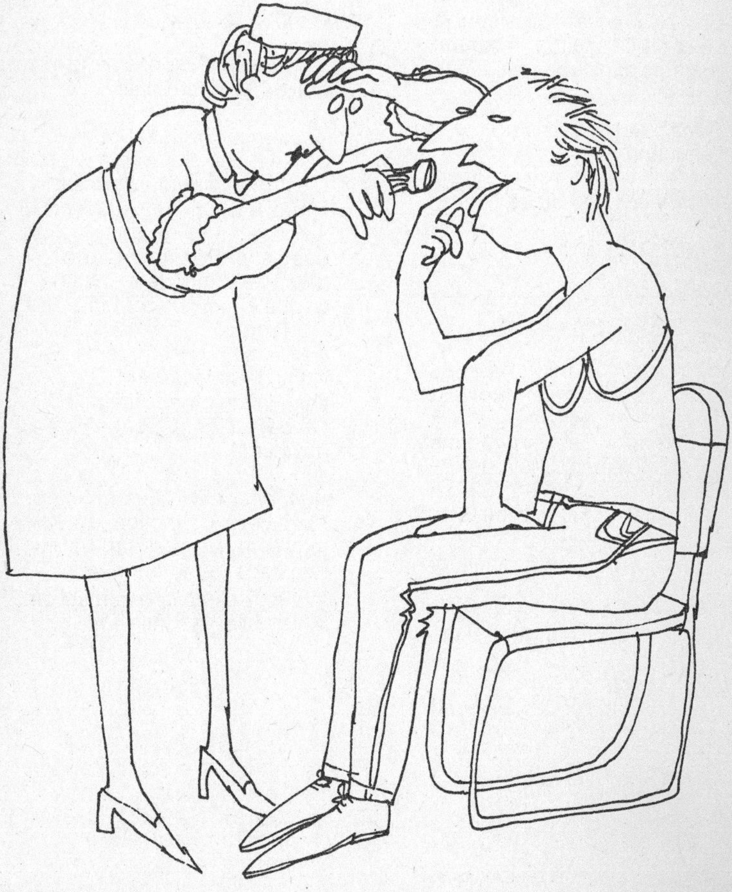

Monsieur: Oh ! Ah ! Ay ! Ouf !

Nurse: Silence, monsieur. C'est un hôpital sérieux.

Monsieur: Mais je souffre !

Nurse: De quoi, alors ?

Monsieur: J'ai déjà attendu trois heures pour l'attention. Ma derrière est anaesthétisée. Je suis stiff partout. Donc je fais Ouf ! Et Ah ! C'est un cri pour help.

Nurse: Bon. Je suis ici pour vous aider. Montrez-moi votre complainte.

Monsieur: Eh bien . . . je ne peux pas.

Nurse: Vous êtes embarrassé ? Moi, je ne suis jamais embarrassée. Montrez.

Monsieur: C'est-à-dire que ma complainte est internale. J'ai avalé un sachet de café instant. Un accident pur et simple.

Nurse: Comment vous avez fait ça ?

Monsieur: Eh bien, j'essayais de faire l'opening du sachet avec mes dents. Je l'arrachais comme une bête sauvage—vous savez, les sachets sont très bien construits—et soudain, pouf ! Je l'avais mangé.

Nurse: Hmm. C'est très simple. Buvez un mug de boiling water avec sucre et lait to taste.

Monsieur: Ce n'est pas si simple.

Nurse: Et sautez un peu dans l'air. Pour le stirring.

Monsieur: J'ai aussi avalé le spoon.

Nurse: Vous avez le *spoon* dans l'estomac ? Comment ça ?

Monsieur: Eh bien . . . Je portais le mug dans une main. Je portais *The Times* dans l'autre. Pour porter le spoon, je l'ai pris dans mes dents . . .

Nurse: OK, OK. Je le vois d'ici. Quelle sorte de spoon ? De plastique ? De metal inférieur ? De vieux argent de famille ?

Monsieur: C'est un petit truc de BR que j'ai ramassé dans le buffet car.

Nurse: Pas de problème, alors. Toutes les choses de British Rail sont self-destruct. C'est pour décourager les stewards du pilférage.

Monsieur: Ah ! Dans ce cas, le mug est self-destruct aussi ?

Nurse: Quel mug ?

Monsieur: Le mug que j'ai mangé.

Nurse: Vous avez un mug dans l'estomac ?

Monsieur: Oui. La raison est très simple. Je . . .

Nurse: Je ne veux rien savoir. Prenez cette note.

Monsieur: C'est une prescription ?

Nurse: C'est une order de transfer. Allez directement au canteen d'hôpital. Ils vont casser le mug pour vous. Puis vous pouvez le passer ordinairement. Next !

Lesson Six

Le Spotting d'un UFO

Monsieur: C'est combien de milles à York?

Madame: 56 à York, 43 à Leeds, 203 à Edinburgh et 2½ à Chorleton-cum-Bypass.

Monsieur: Ton knowledge est encyclopédique.

Madame: Pas du tout. Nous venons de passer un signboard. Maintenant, regarde la route et moi, je vais regarder la landscape.

Monsieur: OK, dear . . . Tiens, c'est curieux.

Madame: Quoi?

Monsieur: Cette chose-là. Dans le ciel. Cet objet. Comme un oval de silver.

Madame: Je ne le vois pas.

Monsieur: Regarde-là!

Madame: C'est un blob sur le wind-screen.

Monsieur: Mais non, mais non! C'est un UFO!

Madame: Tu es drunk. Maintenant, regarde la route.

Monsieur: Oui, chérie . . . (*Pause*)

Madame: Tu as raison. Il y a un objet volant pas identifié au ciel. Ce n'est pas un avion, ni un chopper, ni un searchlight, ni un Red Devil ejecté.

Monsieur: C'est un signe de Dieu?

Madame: Un signe de quoi? Qu'il y a un outbreak de plague bubonique à York? Que nous avons oublié de canceller le lait? Crétin crédule ux!

Monsieur: Pardonne-moi d'avoir parlé, je suis sûr.

Madame: Vite, donne-moi le Mini-Kontax ! Je vais prendre une photo de cet UFO et faire notre fortune !

Monsieur: Le caméra ? Mais je croyais que tu avais le caméra . . .

Madame: Bête ! Imbécile ! Tu fais toujours un cock-up des choses. Si cet UFO fait un landing, et les portes s'ouvrent, et les Martiens sortent pour dire : 'Bonjour, nous sommes une mission haut-level de Mars, regardez nos plates CD internationales, venez avec nous, Monsieur et Madame'— que vas-tu répondre ?

Monsieur: Je répondrais : 'Prenez-moi et laissez la femme. Je veux commencer une nouvelle vie à Mars ! Je serais un canal-sweeper, ou anything. Mais rémovez-moi de ma femme !'

Madame: Vas-y, vas-y. Arrête la voiture. Agite les bras. Montre un placard de hitch-hiker : MARS OU BUST.

Monsieur: Un moment. L'UFO change de forme. Et regarde ! Il y a un message, écrit sur la côté.

Madame: Il dit : GOODYEAR TYRES.

Monsieur: Ah. Ce n'est pas un UFO. C'est un dirigible. Un heavenly commercial.

Madame: Ton tough luck. Maintenant, York premier stop, et si tu vois un autre UFO, ne me le dis pas, s'il te plaît.

Monsieur: Oui, dear. Sorry, dear.

Chez le Tobacconiste

Marchand de Tabac: Bonjour, monsieur. L'usuel paquet de Benson et Haies?

Monsieur: Non. Ce matin je vais expérimenter un peu.

Marchand: Ah! Un smoker qui change de routine! C'est rare. Vous voulez faire le self-rolling? Ou adopter le snuff? J'ai un bargain offer de spotty hanks pour le newcomer—après le chain-smoking, le chain-sneezing, quoi!

Monsieur: Non, merci. Je veux essayer cette cigare dans les TV commerciaux.

Marchand: Quelle cigare?

Monsieur: Vous savez. Il y a un cowboy, et toutes ses vaches sont rustlées, et sa famille est massacrée par les Sioux, et son ranch est confisqué par un slicker de ville. Never mind, dit-il; j'ai toujours mon paquet de . . . de . . .

Marchand: De quoi?

Monsieur: J'ai oublié.

Marchand: C'est peut-être une Coronella?

Monsieur: Non . . .

Marchand: Une Cherootella? Une Sancho Panzanella? Une Coronary Thrombonella? Une Umbrellita?

Monsieur: Umbrellita?

Marchand: Oui. Vous savez. Ce TV commercial avec le bloke qui fait le DIY. Il fait le rewiring de la maison, il insule le loft, il declare la guerre sur le rot sec, il remplace le roof single-handed et puis il dit: 'Time pour une Umbrellita!'

Monsieur: Une tasse de Bovril.

Marchand: Comment?

Monsieur: Il dit: Time pour une tasse de Bovril. C'est le Bovril ad.

Marchand: Ah . . . vous voulez de Bovril?

Monsieur: Non, merci.

Marchand: Un Hamlet?

Monsieur: Hamlet. C'est un nom curieux pour une cigare. Pourquoi Hamlet? Cela symbolise la solitude, l'indécision, la doute.

Marchand: C'est un up-market Strand.

Monsieur: Très shrewd. Mais pourquoi pas un Macbeth? Ou un King Lear? 'Avez-vous un spot de trouble avec vos teenage daughters? Allez-vous un peu round the bend? Fumez un Roi Lear!'

Voix dans la queue: Nous n'avons pas tout le jour, mate!

Monsieur: OK. Paquet de Benson et Haies, svp.

Marchand: Voilà. Next, please!

Lesson Huit

La Jumble Sale

Stallperson: Rollez up! Rollez up! Bargains étonnants! Presque give-away! Prix de cul-de-rock! Achetez vos old clothes ici! Tous les proceeds vont à l'école! . . . Blimey, c'est du travail dur. Quel tas de skinflints.

Homme: Excusez-moi, je cherche un jersey vert, chest 44, pas trop baggy.

Stallperson: Ah, monsieur, vous ne comprenez pas. C'est un stall d'old clothes. Vous ne cherchez pas—vous *trouvez*. C'est une trove de trésor. Tenez, j'ai ici un jersey Shetland blanc, avec trois stains de café, une sleeve longue et une sleeve courte.

Homme: Ça, c'est du trésor?

Stallperson: Pour un addicte de café avec des bras non-matching, oui! C'est le find d'une lifetime. Demandez ça chez M. Harrod. Vous ne trouverez pas. Ici, c'est 5p.

Monsieur: C'est raisonnable. Et ceci, qu'est-ce que c'est?

Stallperson: C'est un morceau de rainwear très antique. Un parka '51, peut-être!

Monsieur: Nice one, stallperson!

Stallperson: Et ici nous avons un vieux bowler, presque complet.

Monsieur: Comme Fred Titmus?

Stallperson: Votre allusion m'échappe.

Monsieur: N'importe. C'était une joke en mauvais goût. Et ceci?

Stallperson: C'est une bow-tie révolvante, mais le moteur ne marche pas. Nous avons aussi des flairs cul-de-cloches, un scarf see-thru, une cravate d'une école publique mineure (pas identifiée), et une sélection de bérets assez grands pour le Mékon.

Monsieur: Ah!

Stallperson: Quoi? Vous m'avez donné un fright.

Monsieur: Cet overcoat. Avec l'os-de-herring. Les patches de coude. Les boutons de GWR. Et la poche extra pour le screw-driver. C'est incroyable. J'ai l'overcoat identical chez moi.

Femme: As-tu trouvé des bargains, darling?

Monsieur: Ah, c'est ma femme. Non, mais j'ai trouvé une coincidence fantastique. Regarde, c'est le splitting image de mon vieux overcoat.

Femme: Of course. Je l'ai donné à la jumble sale.

Monsieur: Tu as fait quoi!? Mais c'est mon overcoat favori!

Femme: Tu ne le portes jamais. C'est un morceau de tat.

Monsieur: Ah, ça alors, ça alors! . . . c'est combien, madame?

Stallperson: 15p.

Monsieur: Voilà. Et dis-moi, darling, les autres possessions chères à mon coeur que vous avez données à la jumble sale . . . ?

Stallperson: Rollez-up! Rollez-up! Cherchez vos heirlooms de famille! Achetez les contents de votre own wardrobe . . . !

Lesson Neuf

Au Bureau de Change

Monsieur: Je veux changer £100 sterling.

Caissier: Ah ! Vous avez du sterling !

Monsieur: C'est un crime ?

Caissier: Mais non, mais non ! C'est très chic, le sterling : le currency du moment. Si vous avez du sterling, vous pouvez marcher tall. C'est une dénomination avec machismo, vous savez ? Sterling, c'est le Badedas du money world—un homme avec sterling est un homme avec charisma et zoomph ! Sterling—le banknote avec des cheveux sur le chest !

Monsieur: Fini ?

Caissier: Quoi ?

Monsieur: Vous avez fini le commercial pour sterling ?

Caissier: Oui.

Monsieur: OK. Je veux changer £100 sterling, en dollars.

Caissier: Ah, monsieur, je ne recommande pas les dollars. Le dollar est très passé, très last year. Un homme avec des dollars est un aussi-ran. Tenez, j'ai un bargain très spécial pour aujourd'hui, un offer unrepeatable des dinars Yugoslavs.

Monsieur: Non, merci.

Caissier: Eh bien, je peux vous offrir un bumper bundle de roubles russes. Très exotiques, très rares, et valides partout dans le Bloc Rouge.

Monsieur: Mais je vais en Amérique. Les roubles sont inutiles là-bas.

Caissier: Mais non ! Avec des roubles, vous pouvez acheter du wheat, des bugs electroniques, des secrets top-level !

Monsieur: Non, merci.

Caissier: Je vous dis quoi. Vous désirez un petit flutter ? Vous voulez gambler un peu ? J'ai un job-lot exclusif de currency d'Iran. Je sais, je sais : le currency d'Iran est rock-bottom en ce moment. Mais voilà le point ! Quand l'Ayatollah donne un coup de pied au bucket, l'Iran va récupérer et vous aurez un petit goldmine !

Monsieur: Look. Je vais en Amérique. Vous croyez que les banknotes avec le mug de M. Khomeini seront populaires en les délicatessens de Nouveau-York ?

Caissier: C'est possible. Mais si vous allez fréquenter les delis, je peux changer votre sterling

maintenant pour les sandwiches de pastrami sur rye. Sterling est très fort contre les snacks Americains. Et je vous offre un discount sur les pickles de dill.

Monsieur: Look ! Listen ! Je vous supplie ! Je veux changer £95 en dollars !

Caissier: £95 ? Et les autres £5 ?

Monsieur: En sandwiches de jelly et beurre de peanut, s'il vous plaît.

Caissier: OK, monsieur. Coming up, monsieur.

Dans le Garden Centre

Salesman: Oui, madame?

Madame: Oui. J'ai une petite ledge de fenêtre, et je pensais, peut-être, à la décorer avec un display de horticulture, à la fois multicolore et économique.

Salesman: Terrifique! Vous voulez un box de fenêtre?

Madame: Oui, je suppose.

Salesman: Bon! Nous avons trois sortes de box. (1) Le stripped pine country-style box, converti d'un vieux Welsh dresser. (2) Le box Habitat, dessiné par Terence Conran, endorsé par Shirley Conran, et advertisé dans le colourmag *Observeur.* (3) Le box space age fabriqué d'aluminium, developpé par NASA.

Madame: Et quels sont les avantages relatifs?

Salesman: Bonne question! Eh bien, le Welsh-style box est terrifiquement tough, mais il y a un danger d'arson par les nationalistes extrêmes. Le box Habitat est *très* 1981, avec ses curlicues Japonaises, mais il y a une risque d'obsolescence en 1982. Et le box NASA, qui est presque weightless, est absolument idéal pour les longs trips interplanetaires, ou pour le voyage d'ici à chez vous. Chacun est £45.

Madame: Oh well, du moins le soil est libre.

Salesman: Mais non! Il ne faut pas employer le soil! C'est passé maintenant. Il faut acheter un sac de Hammond Innes Compost No. 5, un sac de sable, et un petit bag de manure fumante.

Madame: Bon. C'est tout, je crois.

Salesman: Mais non! Il faut aussi acheter un petit trowel, un fork, un arrosoir, un spray, une bouteille de pesticide, un propagateur et un oiseau-terrifieur. Ça, c'est pour starters.

Madame: Je pensais en termes d'un hobby, pas d'un growth industry.

Salesman: Les hobbys, aujourd'hui, c'est un business sérieux. Il fait aussi acheter les vêtements suitables: les gants Fred Streeter, un apron avec une couverture 1900 de *Maisons et Jardins,* un quilt-coat vert et des wellies en toutes couleurs.

Madame: C'est tout, j'espère.

Salesman: Oui. Sauf l'assurance.

Madame: Assurance?

Salesman: Il y a un danger très réel que le box tombe sur les têtes des passers-by.

Madame: Pas dans mon backyard.

Salesman: Suitez vous-même. Eh bien, le bill basique monte à £137.80.

Madame: Un moment! Nous n'avons pas mentionné les choses vivantes.

Salesman: Comme quoi?

Madame: Un parsley dans un pot.

Salesman: Parsley dans un pot, c'est 80p.

Madame: Bon. J'en prends un. La reste, je vais la laisser à un autre jour.

Aux Races

Femme: Les chevaux sont très jolis !

Mari: Quoi ? Oh, oui.

Femme: Mais ils vont très lentement. Ce n'est pas un galop, c'est un walk. Et la racecourse est très petite.

Mari: La race n'a pas commencé, chérie. Ils paradent dans le paddock.

Femme: Oh dear. Sorry.

Mari: Pour starters, il faut faire un bet. Dans la première race je fancie Fils de Prince, qui aime le soft going.

Femme: Moi, j'aime Asafoetida. C'est un joli nom, comme Asa Briggs.

Mari: Mais non ! Asafoetida est un outsider pathétique. Il est 99 à 1. La dernière fois out, il a jeté son jockey, qui fut détruit. Asafoetida est un morceau de horsemeat, qu'on a oublié de filleter. C'est une matière pour la SRPCA. Il ne va pas gagner. Il ne va pas finir. C'est un miracle s'il commence.

Femme: Pauvre cheval. Ce n'est pas fair. Je vais poser un bet sur lui.

Mari: OK, OK. Ne me blâme pas. J'ai voté pour Fils de Prince.

Femme: Voilà 50p.

Mari: Non, non ! Pas avec moi. Avec le bookie. C'est tout le fun. Je vais vous présenter à Honnête Joe Dixon de Bristol. Joe, voilà ma femme. Elle veut poser un bet sur Asafoetida. Attends-moi ici pendant que je pose £10 each way sur Fils de Prince. (*Il va. Il revient.*) Bon. Maintenant la race commence.

Commentateur: Et après une kilomètre c'est Fils de Prince, Stockholm Bébé, Cure d'Arthrite et la reste nowhere . . .

Mari: Tu vois ? Asafoetida est nowhere.

Femme: Mais j'ai seulement fait le bet pour l'encourager.

Mari: Très clever. Et le bookie est allé a Asafoetida pour lui dire à l'oreille : 'Mrs Carter a posé un bet sur vous—allez oop !' Le choc l'a probablement tué.

Commentateur: Et avec deux jumps à aller, ces cinq chevaux sautent ensemble—et ils sont tous down ! ILS SONT TOUS DOWN ! Il n'y a pas de finishers. Non, je me trompe. Il y a un autre cheval. C'est . . . c'est Asafoetida ! Il ne gallope pas très vite—c'est plutôt une amble—mais il va finir—et à la ligne, c'est Asafoetida qui collapse maintenant avec l'effort !

Mari: Je ne le crois pas. C'est une travestie. Mais dîtes-moi—vous avez posé le 50p ?

Femme: Non.

Mari: NON ! Comment, non ?

Femme: Honnête Joe a dit que

le bet minimum était £2.
Donc, j'ai mis £5.

Mari: £5 à 99 à 1—c'est £495 ! Chérie, tu es un génius ! Maintenant, dis-moi qu'est-ce que tu fancies pour la seconde race ?

Chez le Menswear

Client: Excusez-moi . . .

Assistant: Monsieur?

Client: Les suits . . .

Assistant: Vous voulez un nouveau suit? Je ne suis pas surpris. Le suit que vous portez est un peu . . .

Client: Je l'ai acheté ici.

Assistant: Dans quelle année? 1970? 1969?

Client: 1981. Hier. Moins de 24 heures d'ici.

Assistant: Bon. C'est parfait. Très natty.

Client: Avec l'exception d'une chose. Les sleeves sont plus longs que mon bras. Mes mains sont invisibles.

Assistant: Haut les mains! Hands up! Reach for le ciel! Et voilà—vos mains sont visibles!

Client: Je ne peux pas vivre la vie comme le victime d'un bank raid.

Assistant: C'est vrai. Mais quand vous achetez un suit ici, pour £34 seulement, il faut savoir que vous avez un suit extraordinaire.

Client: Mais je desire un suit ordinaire!

Assistant: Dans ce cas-là, ne venez pas ici. Nous caterons pour l'homme extraordinaire. Nous avons une chaîne de magasins *exclusivement* pour le client différent.

Client: Par exemple?

Assistant: A Lewisham nous avons 'Real Mean 'n' Lowdown'. C'est pour les dwarfs.

Client: Les dwarfs sont numéreux a Lewisham?

Assistant: Pas spéciallement. Mais ils viennent dans leurs droves, de tout coin de Londres. Puis à Ealing nous avons notre branche 'Over The Odds', pour les beanpoles marchants. A Tottenham il y a le 'Lord Nelson'.

Client: Pour les admirals?

Assistant: Pour les hommes réstrictes à un bras.

Client: Et à un oeil?

Assistant: Peut-être, mais l'absence d'un oeil, vous savez, c'est irrélévant fashionwise. Nous avons une petite ligne dans les eye-patches de velours, et une monocle dark-glass, mais le turnover est minimal. Et puis à Ilford il y a 'Girth of a Nation'.

Client: Pour les fatties?

Assistant: Pour les gens grotesquement obèses.

Client: Et ici, comment vous vous appelez?

Assistant: 'Cheap 'n' Nasty'.

Client: Les suits sont cheap 'n' nasty?

Assistant: Non. Les clients. C'est un secteur du marché avec beaucoup d'expansion. Vous êtes, en effect, un market leader.

Client: Alors, ce suit, est à la mode?

Assistant: Absolument.

Client: Merci. Au revoir.

A la Banque (Petit Drame en Trois Actes)

1er ACTE
(*Scene: une banque. Entre une queue de trois personnes—un businessman, une vieille lady et un bloke typique. Le businessman tient un vaste sac bleu, qui contient 5,000 demi-pence, 456 chèques, l'histoire de sa vie, etc. Il commence a discuter les contents avec le caissier. Cela dure environ 15 minutes.*

Bloke: Oh, mon Dieu.

IIème ACTE
(*Le businessman s'en va. La vieille lady tire de son hand-bag un vaste sac bleu, qui contient le gross turnover d'une grande compagnie internationale.*)

Bloke: Ah non, ah non, bon Dieu!
(*La vielle lady complète son business, très lentement. Cela dure 15 minutes.*)

IIIème ACTE
Bloke: Voila une chèque pour £30. En fivers, svp.

Caissier: Un moment. Vous avez un account ici?

Bloke: Non. C'est à Norwich.

Caissier: Vous avez un arrangement ici?

Bloke: Non. Je suis en passage.

Caissier: Vous avez votre carte de banque, Accès, etc ? Même un grand sac bleu avec vos initiaux ?

Bloke: Non.

Caissier: Alors, il faut téléphoner à votre branche Norwichienne. C'est 50p pour le coup de téléphone.

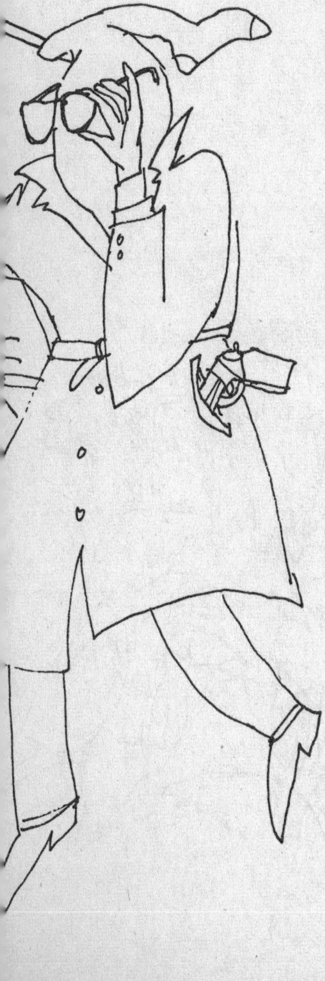

Bloke: Je n'ai pas 50p. C'est pour ça que je veux faire le cashing de la chèque.

Caissier: Il y a aussi un looking-up fee de 50p.

Bloke: Ah, c'est un peu strong, ça ! La banque a fait un profit de £3,000,000,000 en 1980 : et vous demandez un fee pour inspecter un livre de phone !

Caissier: Hence les profits énormes, même grotesques.

(*Une interruption. Un gangster entre, brandissant un revolver et parlant avec difficulté par un stocking 22-denier.*)

Gangster: OK ! OK ! Freeze, tout le monde. C'est un stick-up. Allez, allez, donnez-moi la boodle. £2m, et vite ! J'étouffe dans ce stocking.

Caissier: Oui, monsieur. En fivers ?

Gangster: En tenners. Et un peu de silver. Je suis sur un meter.

Caissier: Voilà, monsieur. £2m en tenners.

Gangster: Merci. Au revoir. (*Il s'en va.*)

Bloke: Mais . . . vous lui avez donné £2m sans murmurer ! Et mon £30, c'est comme si je demandais la lune !

Caissier: Ah, monsieur, c'est différent. Pour une chose, il est un customer important. £2m, c'est un big deal. Pour une autre chose, il est un régulier. Pas comme vous. Maintenant, si vous voulez attendre quelques minutes . . .

Dans l'Avion

Intercom: Bonjour, tout le monde. Capitaine Whitgift ici. Nous regrettons le délai de trente minutes. C'est absolument normal. Merci.

1er Passager: Normal ?

2ème Passager: Oui. Il y a toujours un délai. Vous ne saviez pas ?

1er Passager: Non. C'est la première fois pour moi dans l'air.

2ème Passager: Bon Dieu. Moi, j'ai fait 600 heures dans un avion en 1981. 200 dans l'air et 400 sur le runway.

1er Passager: Et vous aimez le jet travel ?

2ème Passager: Je le déteste. Mais c'est mon job.

1er Passager: Ah. Vous êtes un executif topman ?

2ème Passager: Non, je suis smuggler international.

Intercom: Capitaine Whitgift ici. Je m'excuse du délai. C'est pour une raison technique. Ne worry pas. Meanwhile, c'est cabaret time ! Nos gorgeuses stewardesses vont vous amuser avec la démonstration de la routine émergencie ! (*Petite mime par Penny, Jackie, Susie et Karen.*)

1er Passager: Quelle sorte de contrabande portez-vous ?

2ème Passager: Ça depend. Hier, cocaine. Demain, Easter eggs.

1er Passager: Easter eggs ?

2ème Passager: Oui. C'est comme gold-dust dans les nations muslimes.

Intercom: Allo, âllo, âllo. Votre vieux ami Capitaine Whitgift ici. Un spot de trouble technique encore. En effet, c'est la chaise du co-pilote, qui a un wonky leg. La chaise, pas le co-pilote. Mais nous travaillons flat out. Pas de sweat. Merci.

1er Passager: C'est normal ? Le wonky leg ?

2ème Passager: Non. C'est curieux. Usuellement, c'est l'ash-tray.

Intercom: Hi, everybody ! C'est Whitgift ici ! La jambe de la chaise ne répond pas à traitement. Y a-t-il peut-être un carpenter dans l'avion ? (*Silence.*) Ou un passager avec un screw-driver ?

2ème Passager: Ah, j'ai un screwdriver ! (*Il va au cockpit. Il revient.*) Eh bien, la chaise est fixée. Je ne suis pas surpris que la jambe était wonky. Il y a un grand thrash dans le cockpit. Très merry.

1er Passager: C'était une stroke de fortune que vous aviez un screw-driver.

2ème Passager: J'ai 200 screw-drivers. Ils sont cachés dans mon trouser-leg. C'est ma contrabande pour aujourd'hui.

1er Passager: Ah, oui ?

2ème Passager: Ils sont comme gold-dust dans le 3ème Monde.

Intercom: OK, OK. Toutes systèmes go. Nous avons la technologie. Préparez-vous pour take-off. Vroom vroom. Zowie !

1er Passager: C'est bizarre.

2ème Passager: Non, c'est normal.

Dans le Cocktail Bar

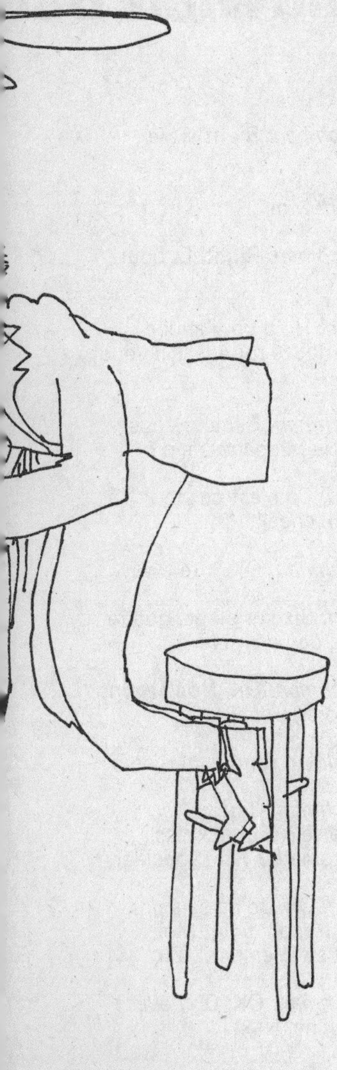

Barman: Bon soir, monsieur.

Régulier: Bon soir, Harry.

Barman: Monsieur prend un Harvey Wallbanger?

Régulier: Un Frappemur de Harvey? Non. C'est démodé.

Barman: Un Tequila Sunrise? Une Pina Colada?

Régulier: Non plus. Ils sont tous yesterday's drinks. Les clichés du folk beautiful.

Barman: Alors, un Confort du Sud?

Régulier: Un Southern Comfort? Harry! Vous me choquez. C'est le drink du year before yesterday.

Barman: Peut-être qu'il soit due pour revival.

Régulier: Hmm. Non, mais nice try. Harry, pour une fois dans ma vie je veux être en avance de fashion. Je veux être un trend-champion!

Barman: Eh bien, monsieur, j'ai un petit secret. J'ai inventé en 1968 un drink que je n'ai jamais divulgué. Je suis le seul à savoir. Son nom est le 'Garter Strangler'.

Régulier: Garter Strangler? Like it! En quoi ça consiste?

Barman: Rhum, grenadine, schnapps, un peu de café, jus de citron, vodka et . . .

Régulier: Et?

Barman: . . . et deux aspirines.

Régulier: Mon dieu. Et vous

buvez cela, vous ?

Barman: Non. Je l'emploie plutôt pour le shoe-cleaning. Mais c'est tout-à-fait potable. Du moins, ce n'est pas toxique.

Régulier: OK. Un Garter Strangler, s'il vous plaît !

Barman: Coming up, monsieur. (*Harry commence à mesurer et mixer*).

Régulier: By the way, où sont les autres, le crowd usuel ? Ils font le roller-skating ?

Barman: Non, je ne crois pas. On me dit que le rollering est maintenant passé, along avec windsurfing, la cocaine et les ear-rings. Et, voilà ! Votre Garter Strangler.

Régulier: Essayons. (*Il introduit ses lèvres dans le verre.*) Holy Thatcher ! C'est dynamite.

Barman: C'est fruity avec un kick de mule.

Régulier: Vous pouvez répéter cela. Still, je suis enfin ahead des trends ! C'est moi seul qui connais ce drink. Quel moment ! (*Entre le crowd usuel.*)

Crowd Usuel: Allo, Arry ! What ho, tout le monde ! Ciao, chaps ! Et huit Garter Stranglers, s'il vous plaît.

Régulier: Huit Garter Stranglers ?

Crowd Usuel: Vous ne savez pas ? Ç'est l'in drink ! Tout le monde le boit.

Régulier: I give up.

Lesson Seize

Dans le Sandwich Bar

Sandwichman: Right. Et le next ?

Officegirl: Moi.

Sandwichman: Right. Et pour vous, luv ?

Officegirl: Hold on, j'ai une liste . . . douze rounds, s'il vous plait.

Sandwichman: Blimey. Vous allez sur le rampage, hein ?

Officegirl: Ce n'est pas tout pour moi, cheeky.

Sandwichman: OK. Fire away.

Officegirl: Six sur blanc, quatre sur brun, deux sur rye.

Sandwichman: OK. Nous avons la technologie.

Officegirl: Un sandwich d'oeuf.

Sandwichman: Œuf mayonnaise ? Œuf et cress ? Œuf 'n' tomate ? Faut specifier.

Officegirl: Oh. Je ne sais pas. C'est pour mon amie, Moira. Elle a dit simplement, 'Œuf.'

Sandwichman: OK. Œuf avec sel sur blanc. Next !

Officegirl: Deux cheese.

Sandwichman: Dans *l'Encyclopédie de l'Académie de Fromage Français,* il y a 2,002 types de cheese. Lequel vous préférez ?

Officegirl: C'est pour le marketing manager, Mr Hargreaves.

Sandwichman: Marketing manager ? Camembert. Next ?

Officegirl: Deux chicken et salade.

Sandwichman: C'est pour qui ?

Officegirl: C'est pour Dolly, qui opère la machine photocopyiste, mais elle est vraiment la girlfriend de Mr Hargreaves, le marketing manager, tout le monde le sait, c'est dégoûtant,

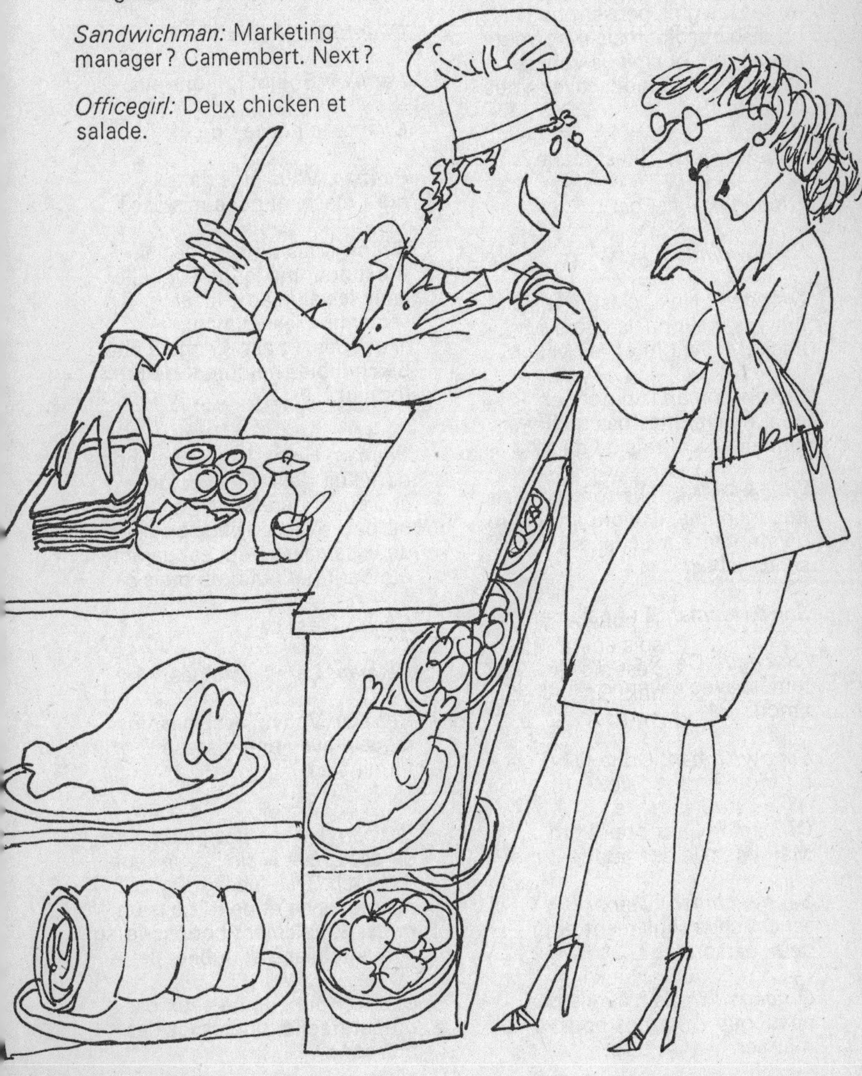

il a 52 ans et cinq enfants, et Dolly n'a que 24 ans.

Sandwichman: Ah ? Lucky old Hargreaves. Next !

Officegirl: Un salami, c'est pour Terry, il est le nouveau messenger, il est très beau et toutes les girls pensent qu'il est un dish absolu, mais il ne veut rien savoir, et si vous voulez savoir mon opinion, savez-vous la vérité ?

Sandwichman: Il est marié ?

Officegirl: Il est gai.

Sandwichman: Next !

Officegirl: Next, c'est trois prawns mayonnaise pour Mr Jack, Mr Wright et Mr Miller.

Sandwichman: Ah non, ah non, ne me dites pas qu'il y a un ménage à trois de gais ?

Officegirl: Non. Ils sont normals. Le lunchtime, ils vont à un club de striptease avec leurs sandwiches.

Sandwichman: Et finalement ?

Officegirl: Deux saumons fumés, avec cayenne et jus de limon.

Sandwichman: Oh là là ! C'est pour qui ?

Officegirl: C'est pour Lord Marnwick, le chairman, et moi.

Sandwichman: Deux sandwiches seulement pour deux personnes ?

Officegirl: Nous n'avons pas beaucoup de temps pour manger.

Lesson Dix-Sept

Dans le Pet Shop

Client: Bonjour.

Petman: Bonjour, monsieur.

Client: Je désire un pet.

Petman: Vous êtes dans la right place, et nulle mistake !

Client: Mais un pet spécial. C'est pour ma jeune fille. Elle aime les animaux, mais seulement les animaux exotiques. Et elle s'ennuie vite. Ses hobbies ne durent qu'un fortnight.

Petman: Hmm. Nous cherchons, donc, un pet rare, avec des couleurs intéressants, qui parle un peu, avec un lifespan de deux semaines, qui est garanti à mourir par la fin du mois ?

Client: C'est ça !

Petman: Ça n'existe pas.

Petman: Vous n'avez pas un macaw avec une disease terminale ?

Petman: Il n'y a pas beaucoup de demande. Mais j'ai un œuf d'ostrich. Très facile maintenance et ne fait pas un mess. Simplement poppez-le sur la mantelpiece et oubliez-le.

Client: Hmm. Je ne veux pas un pet fragile. Vous avez des poissons ?

Petman: L'usuel. Poissons d'or, guppies, minnows, etc. Tenez, j'ai aussi une boîte de sardines ! C'était really pour le chat, mais c'est peut-être cela que vous cherchez. Paisible. House-trained. Et au bout du mois, ça se mange.

Client: Ce n'est pas exotique.

Petman: Si, si ! C'est importé de Morocco. Regardez.

Client: Ce n'est pas assez exotique pour ma fille.

Petman: Si j'ose le dire, votre fille donne l'impression d'être bien objectionable.

Client: Elle est une petite horreur.

Petman: Alors, pourquoi pas un tarantula ou un petit boa constrictor ?

Client: Nice idea. Mais dans un combat entre une reptile fatale et ma fille, c'est ma fille qui va gagner chaque fois.

Petman: Ouf. Dans ce cas, pensons défensivement. Une porcupine, peut-être ? Ou un armadillo ?

Client: Vous les avez en stock ?

Petman: Non. Mais j'ai un petit arrangement avec le zoo.

Client: Hmm. La dernière fois que j'ai emmené ma fille au zoo, elle aimait seulement une creature.

Petman: Le rat?

Client: La vulture.

Petman: Mais j'ai une petite vulture en stock! Regardez. Elle est sinistre, malévolente, aggressive, dangéreuse et dégoûtante.

Client: C'est parfait. Combien?

Petman: £50.

Client: Done.

Lesson Dix-Huit

Au Casino

Croupier: Monsieur veut jouer à roulette?

Client: Oui, monsieur veut jouer à roulette.

Croupier: Bon . . . Monsieur veut placer son bet?

Client: Oui, monsieur veut placer son bet.

Croupier: OK . . . Combien veut placer monsieur?

Client: 5p.

Croupier: 5p? Monsieur, ce n'est pas un bet. Ce n'est pas même un tip. C'est une insulte. Le minimum est £100.

Client: Umm. Vous prenez un chèque?

Croupier: Bien sûr.

Client: OK. £100 sur Numéro 5.

Croupier: Bon. Allons-y . . . (*Il lance. Il regarde. Il frotte les yeux.*) No. 5 gagne. Vous avez £3,500.

Client: Goody goody. Je veux placer toute la boodle sur 17.

Croupier: OK.

Client: Vous voulez un autre chèque?

Croupier: Non, non . . . OK, let's go. (*Il lance. Il regarde. Il fait un petit moan.*) No. 17 gagne. Vous avez gagné £122,500.

Client: Votre maths est pretty nifty.

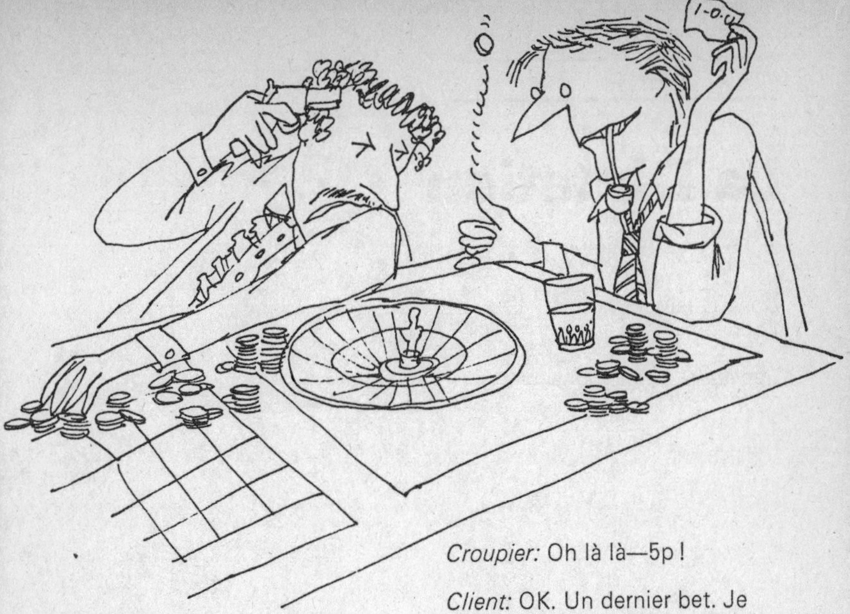

Croupier: Merci. J'ai un petit calculateur dans mes cuff-links. Vous continuez ?

Client: Oui. Je place tous mes winnings sur 13.

Croupier: OK. Sur vos marks . . . (*Il lance. Il ferme les yeux. Il ouvre les yeux.*) Holy Lucan. Le 13 gagne.

Client: C'est combien ?

Croupier: Je ne sais pas. Mon calculateur est allé sur le blink sous le strain. Vite—crayon et papier ! C'est . . . £4,287,500.

Client: C'est mon lucky jour ! OK, je place ma fortune sur 13. Et après je me retire.

Croupier: Here we go. (*Il lance. Il prie.*) Tut, tut. C'est 24. Vous avez tout perdu.

Client: Pas tout. J'ai mon 5p.

Croupier: Oh là là—5p !

Client: OK. Un dernier bet. Je veux placer mon château en Scotland, mon yacht à Cannes, ma Porsche et ma maîtresse sur 11. Vous acceptez ?

Croupier: Oui, oui. C'est votre funéral. (*Il lance. Il regarde.*) Ce n'est pas possible. Le 11 gagne.

Client: Nice travail, croupier ! Vous me devez 35 châteaux, la même quantité de yachts, un fleet de Porsches et presque trois douzaines de maîtresses. Elle est blonde, by the way.

Croupier: Monsieur, je ne peux pas payer.

Client: Qu'allez-vous faire, donc ?

Croupier: Ceci. (*Il tire un revolver.*) Adieu, monde cruel. (*Il se suicide.*)

Client: Gosh. Fancy cela. Un reversal classique de rôles. Oh well, j'ai toujours mon 5p.

La Dictation

Boss: Quelques lettres, Miss Johnson.

Secrétaire: Bien, monsieur.

Boss: A M. Forthright, de Forthright Ponts de Suspension Ltd. Cher M. Forthright, J'ai l'honneur de répondre à votre proposal de construire un pont de suspension de Ramsgate à Burnham-sur-Crouch, un proposal qui est d'ailleurs magnifique dans sa scope et breathtaking dans son architecture . . .

Secrétaire: Comment vous écrivez Forthright?

Boss: Comment?

Secrétaire: Forthright. Comment ça s'écrit?

Boss: Ah . . . F-o-r-t-h-r-i-g-h-t.

Secrétaire: Bon. Cher M. Forthright . . .

Boss: Oui . . . Cher M. Forthright, Re votre proposal pour un pont de suspension de Ramsgate à Burnham-sur-Crouch, et vice versa, c'est une idée magnifique mais je regrette que . . .

Secrétaire: Ce M. Forthright. C'est le même M. Forthright avec qui vous avez dîné au Savoy? Et fait le junket à Dusseldorf? Et joué au golf à Sandwich? Etc, not counting le jour à Ascot?

Boss: Well, oui. Pourquoi?

Secrétaire: C'est plus friendly de dire, Cher Jim.

Boss: Il n'est pas un ami maintenant. Sa compagnie devient un peu dodgy. Il n'est pas une bonne personne à connaître.

Secrétaire: C'est disgraceful.

Boss: C'est business. Cher M. Forthright, Re votre pont. Trop cher. Trop risky. Get perdu. Votre etc . . .

Secrétaire: C'est short, pour une lettre.

Boss: Je dépends de vous, pour lui donner un caractère. Maintenant, à Mme Carnforth . . .

Secrétaire: Votre maîtresse?

Boss: Euh, oui. Darling. Rendezvous Tuesday. Votre petit bunnykins. Et à M. Fearless . . .

Secrétaire: Le chairman?

Boss: Oui. Cher Fearless. Regrette Tuesday impossible. Meeting vital. Wednesday? Votre . . . et au taxman. Cher M. Taxman, Re votre demande. C'est over the top. Votre, etc . . . Eh bien, Miss Johnson, je suis dans un hurry terrible. Je vous laisse à typer les lettres, et les corriger, et les signer.

Secrétaire: Et moi? Vous ne pensez pas que j'aie une vie privée? Je suis seulement une dolly secrétaire? Mais moi aussi, je suis humaine! J'ai une coeur! Je suis une femme! Je suis dans une living situation. Je vous déteste! Je crache sur vos mémos!

Boss: Bon. N'oubliez pas les lettres.

Secrétaire: Non, monsieur. Au revoir, monsieur.

Boss: A Monday, Miss Johnson.

Dans Les Bains Publiques

Monsieur: C'est combien ?

Swimlady: C'est 57p le swim, 45p le towel, 40p la bain chaude, 10p la douche froide. Money back si vous restez sec.

Monsieur: Un swim seulement, svp . . . Dites-moi, le pool est de quelle longueur ?

Swimlady: 50 mètres. Pourquoi ?

Monsieur: Parce que je veux faire l'équivalent d'un Channel swim.

Swimlady: Dans notre pool ? Pourquoi pas dans la mer ?

Monsieur: C'est trop cher. Le ticket à Douvres, le louage d'un rowboat, un bon dîner à Calais avec vin et cognac—je n'ai pas l'argent. Mais a 57p . . .

Swimlady: Hmm. De Douvres à Calais, c'est 21 miles, c'est-à-dire 33.6 kilomètres, cela représente deux fois 336 lengths—c'est 672 lengths.

Monsieur: Bon.

Swimlady: Mais vous n'avez pas le temps ! Nous fermons dans huit heures !

Monsieur: Si je fais 84 lengths par heure . . .

Swimlady: Fat chance. En tout cas, ce n'est pas juste.

Monsieur: Comment, pas juste ?

Swimlady: Dans notre pool il n'y a pas de tankers, pas de flotsam, pas de tides et courants, pas de poissons de jelly féroces . . .

Monsieur: Mais dans le Channel il n'y a pas de parties d'écoliers compréhensifs, pas de secrétaires nommées Caroline qui vous bloquent le chemin, pas de vieilles dames presque immobiles, pas de ducking, splashing et fighting. Cela compense.

Swimlady: Well, je ne sais pas. Il faut demander au manager. Reg !

Reg: Oui ?

Swimlady: Ce gentilhomme veut faire un Channel swim dans notre pool.

Reg: Ah non, ah non. Je ne veux pas de rowboats dans mon pool, sur un weekday.

Monsieur: Mais je vais nager tout seul !

Reg: C'est illégal. Pour un Channel swim, il est obligatoire d'avoir un rowboat en attendance, des goggles, lanoline, shark-repellent, observateur avec stop-montre, etc, etc. Vous avez votre passeport ?

Monsieur: Non, mais . . .

Reg: Tell you what. Dimanche, il y a une réservation privée du pool, pour un party de gents

qui veut faire le swim du Lac de Windermere. Pourquoi pas y participer? Ils ont un rowboat, une machine à vent, squalls artificiels et tout. Et pas besoin d'un passeport. 416 lengths. Un fun swim!

Monsieur: Well, OK. A quelle heure?

Reg: A 10 a.m. On commence à Ambleside.

Monsieur: A Ambleside?

Reg: Oui. Plus accessible que l'autre bout.

Monsieur: Bon. A dimanche.

Lesson Vingt-et-Un

Les Enquiries de Directoire

Monsieur: Allo ?

Opératrice: Allo, Enquiries de Directoire. Ville ?

Monsieur: Hantry.

Opératrice: Nom?

Monsieur: Brian Whitgift.

Opératrice: Son numéro est Hantry 4560.

Monsieur: Non, je connais son numéro. C'est son adresse qu'il me faut.

Opératrice: Nous ne pouvons pas donner les adresses. Ce n'est pas permis. (*Cut-off.*)

Monsieur: Damn! . . . (*Il redialle*) Allo?

Opérateur: Bonjour. Ville?

Monsieur: Hantry. Et le nom est Whitgift, Brian.

Opérateur: C'est Hantry 4560.

Monsieur: Il est très important que j'ai le Whitgift correct. Mon ami a un frère dans la même ville.

Opérateur: Qui s'appelle, lui aussi, Brian?

Monsieur: Oui, C'est un twin. Donnez-moi l'adresse, seulement pour le double-checking.

Opérateur: No worry, sir. Il y a seulement un Whitgift solitaire dans le livre. C'est votre ami OK. (*Cut-off.*)

Monsieur: Damn et double damn. (*Il redialle.*)

Opératrice: Enquiries de Directoire. Ville?

Monsieur: Inspecteur Selhurst de la Cour Scotland ici. Nous sommes sur la verge de faire un arrêt très important. Un M. Brian Whitgift, de Hantry. Mais il y a un détail missing. Son adresse.

Opératrice: Nous ne donnons pas les adresses.

Monsieur: Je vous commande, par la majesté de la loi, et sous peine de beaucoup d'aggro, de donner son adresse! Regardez smartish!

Opératrice: Je connais cette voix. C'est vous le joker qui a téléphoné tout à l'heure. Cour Scotland, ma tante Fanny! (*Cut-off.*)

Monsieur: Trois fois damn. (*Il redialle.*)

Opérateur: Bonjour. Ville, svp?

Monsieur: Mon nom est Brian Whitgift. J'ai une complainte *très* sérieuse. Mon adresse est incorrecte dans la directoire, pour Hantry. Qu'allez-vous faire, eh, quelle redresse pouvez-vous m'offrir?

Opérateur: Monsieur, je suis aghast. Laissez-moi regarder . . . Nous avons l, Darlington Villas—ce n'est pas exact?

Monsieur: Non, non! C'est *11* Darlington Villas!

Opérateur: C'est terrible. Je suis couvert de confusion. Nous allons le rectifier immédiatement. Je vais envoyer un homme.

Monsieur: Bon. (*Cut-off.*) *Il commence a écrire une letter.*) Cher Brian, Avant de venir à business, je dois vous dire que vous allez recevoir une communication assez curieuse de l'Office de Poste . . .

Dans le Bar des Hamburgers

Monsieur: Mademoiselle!

Waitresse: Monsieur?

Monsieur: J'ai une complainte à faire. Mon ordre n'est pas correct.

Waitresse: Mais vous avez commandé un Barbequeburger, médium, ½-livre, avec frîtes françaises, salade de fromage bleu et un verre de vin rouge, n'est-ce pas ?

Monsieur: Oui.

Waitresse: Eh bien, j'ai apporté tout ça.

Monsieur: Pas exactement. Pour moi, Barbeque signifie une operation al fresco, avec woodsmoke, l'arôme des outdoors et un chef avec parapluie. C'est le cas ici ?

Waitresse: Non. Votre burger a été préparée sur une griddle éléctrique par un jeune étudiant filipino.

Monsieur: Bon. Mais pas assez longtemps, parce qu'il n'est pas médium. Il est plutôt médium-rare, ou même médium-scarce.

Waitresse: Mais c'est du quibbling. Vous avez des frîtes françaises, non ?

Monsieur: Non. Ce sont des chips.

Waitresse: Et quelle faute sérieuse trouvez-vous dans votre salade de fromage bleu ?

Monsieur: Le fromage est blanc.

Waitresse: Oh là là—vous désirez du fromage ultramarine ? Le goût est bleu, voilà ce qui compte.

Monsieur: Un goût bleu ! Mademoiselle, vous etes une poetesse, non pas une waitresse. Et ce vin rouge —il n'a pas un goût rouge, pour adopter votre vocabulaire. Il a un goût off-pink. Comme s'il y avait de l'eau dedans.

Waitresse: C'est tout ?

Monsieur: Non. J'ai ici une petite machine à peser. Votre burger n'est pas ½-livre : c'est 6½ ounces au plus. Donc, mon repas est une Filipinoburger, uncooked, 6½ ounces, avec chips, salade de fromage blanc et un verre de Ribena.

Waitresse: Attendez ici. Je vais faire venir le manager.

Manager: Bonjour, monsieur.

Monsieur: Bonjour. J'ai une complainte . . .

Manager: Et moi aussi. Je vous ai regardé. Comme customer, vous êtes sub-standard.

Monsieur: Comment ?

Manager: Vos manières sont très indélicates. Votre posture me fait penser à un babon. Vous fumez une cigarette pendant que vous mangez. Je n'aime pas votre attitude vis-à-vis ma waitresse. Votre style de costume, qui est tout à fait G-Plan, me donne beaucoup de détresse. Et vous avez pris beaucoup trop de relish libre. En bref, vous ne pouvez pas manger ici.

Monsieur: Quoi ? Vous me rejetez ?

Manager: Pas exactement. Disons que je fais le sending-back du customer. Vous êtes le sujet de mes complaintes justes. Maintenant—out !

Lesson Vingt-Trois

Le Dry Cleaning

Madame: Bonjour, mademoiselle. Vous désirez?

Cliente: Oui. J'ai laissé une blouse pour le cleaning.

Madame: Elle n'est pas prête.

Cliente: Mais je ne vous ai même pas donné le numéro!

Madame: N'importe. Les choses ne sont jamais prêtes. C'est la loi de Sod de cleaning.

Cliente: Voilà mon receipt. J'ai laissé ma blouse lundi pour le one-day cleaning. Maintenant c'est jeudi.

Madame: Demain c'est vendredi. Essayez samedi.

Cliente: J'ai laissé ma blouse *trois jours* pour le one-day cleaning. C'est beaucoup de temps, n'est-ce pas?

Madame: Pas nécessairement. Vous commettez l'erreur de supposer que, si votre blouse arrive lundi, le cleaning aura lieu *le meme jour.* Cela, c'est une chose bien différente; c'est le 'same-day cleaning'. Avec le one-day cleaning, nous promettons seulement de le faire un jour. Hence notre slogan: 'One day we'll clean it'.

Cliente: Mais il est très important que je porte cette blouse ce soir! J'ai un dinner date avec un millionaire. Si je joue correctement mes cartes, il va proposer.

Madame: Un weekend sale?

Cliente: Non! Une vie mariée de luxe, yachts et jetlag.

Madame: Ah, une lifetime sale.

Cliente: Well, maybe. Mais, sans ma blouse see-through, il ne va pas proposer et je ne serai jamais reine de Rio.

Madame: Rio?

Cliente: C'est un millionaire brasilien. Ah!

Madame: Quoi?

Cliente: Je vois ma blouse! Sur le rack! Look!

Madame: Votre blouse? Ready? Je ne comprends pas. C'est un breakdown dans le système.

Cliente: Mais, mon Dieu! Elle n'est pas propre!

Madame: Not clean? Comment, not clean?

Cliente: Regardez. Le stain sur le front. Quel catastrophe. Je ne peux pas dîner avec un Dago riche, dans une blouse comme un pavé crazy.

Madame: Un moment. J'ai une idée. Une idée fantastique. Vous voyez que le stain est l'image splittant de Latin America?

Cliente: Oui. C'est vrai. Exactement la même forme.

Madame: Eh bien, montrez à votre millionaire que vous avez un plan de Dagoland sur votre front. Demandez-lui de démontrer les hot-spots du continent sur votre blouse see-through. Et toutes ses haciendas. Je garantis qu'il va proposer avant le pudding!

Cliente: Vous croyez?

Madame: Vous ne croyez pas?

Les Snaps de Vacances

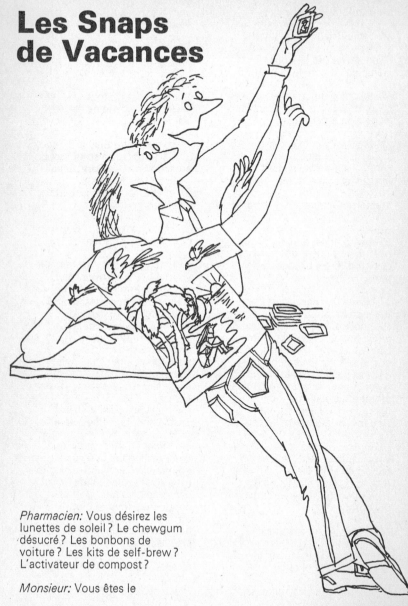

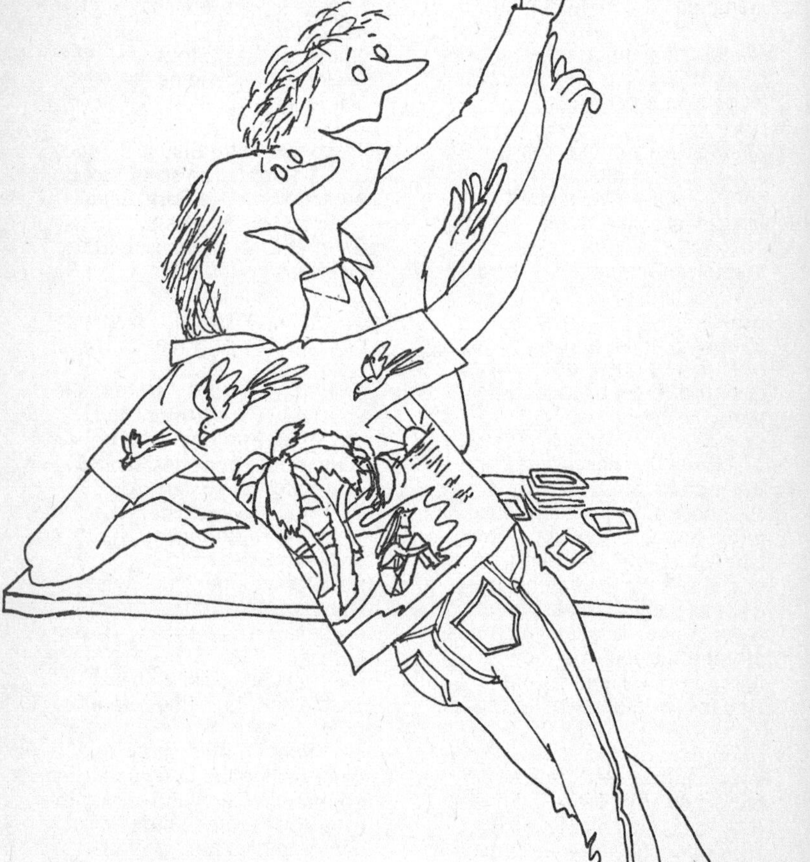

Pharmacien: Vous désirez les lunettes de soleil ? Le chewgum désucré ? Les bonbons de voiture ? Les kits de self-brew ? L'activateur de compost ?

Monsieur: Vous êtes le

pharmacien, oui ou non?

Pharmacien: Oui.

Monsieur: Bon. Donnez-moi mes prints. Voici mon receipt.

Pharmacien: Voilà, monsieur. Un paquet de dix-neuf prints. Ça sera £17.80.

Monsieur: C'est un peu stiff.

Pharmacien: C'est férocément stiff. Mais il y a une raison. Normalement nous envoyons les jobs de photo à un lab cheapo-cheapo en Acton, dirigé par des Pakis qui travaillent autour de l'horloge. Ce mois ils sont en vacances. Donc je suis obligé d'employer des Anglais. Hence le over-charging. Et le délai.

Monsieur: Hmm. Où sont les Pakis en vacances, et quand sont-ils back?

Pharmacien: Karachi-sur-mer. Dans deux semaines ils résumeront leur Kwik-Vite Service.

Monsieur: OK. Je vais attendre deux semaines pour le Kwik-Vite mob.

Pharmacien: C'est trop tard. Vos photos sont déjà développées. £17.80, s'il vous plaît.

Monsieur: OK . . . Un moment!

Pharmacien: Quoi?

Monsieur: Ces photos ne sont pas à moi. Regardez. Ils dépictent la Reine Elizabeth, la Reine Mère.

Pharmacien: La Reine Maman?

Monsieur: Oui. La Reine Maman à breakfast. La Reine Maman sur un piquenique. La Reine Maman mettant cinq bob sur un cheval. La Reine Maman donnant avis de mariage au Prince Charles.

Pharmacien: Vous êtes un ami de la Reine Maman?

Monsieur: Pas du tout. Je l'aime bien, mais je ne la connais point.

Pharmacien: Ah! Silly moi! Maintenant je m'en souviens! C'est ce Monsieur Parkinson qui a laissé ses snaps l'autre jour. Il est entré dans un tel flap quand on ne les trouvait pas. Un right royal tizzy.

Monsieur: Où sont mes photos alors?

Pharmacien: Voilà, monsieur.

Monsieur: Ce sont des photos d'une famille Pakistani. Je n'ai pas une famille Pakistani.

Pharmacien: Tiens! C'est Monsieur Kwik-Vite avec son brood, sur la plage. Qu'il est brun.

Monsieur: Vous avez mes photos ou vous n'avez pas mes photos, enfin?

Pharmacien: Oui. Mais le roll de film fut foggy. Il n'y a pas de prints.

Monsieur: C'est vrai?

Pharmacien: Non. Mais on le dit toujours si un film est perdu.

Monsieur: Bon. Au revoir.

Pharmacien: Au revoir et merci.

Lesson Vingt-Cinq

Dans le Jardin

Monsieur: Vous voulez voir le jardin ?

Visiteur: C'est obligatoire, je suppose ?

Monsieur: Oui.

Visiteur: Et vous exprimerez sans cesse votre regret que c'est si messy?

Monsieur: Oui.

Visiteur: Et vous allez stresser que c'est un dommage rotten que je n'étais pas ici la semaine passée, parce que la semaine passée le jardin fut une blaze de couleurs, mais maintenant c'est horrible?

Monsieur: Oui.

Visiteur: Et le tour du jardin est quand même obligatoire?

Monsieur: Oui.

Visiteur: Je vous dis quoi. Je vais rester ici, avec un gin et tonique, et vous, *vous* faîtes le tour du jardin. Quand vous voyez une fleur, donnez-moi un shout.

Monsieur: Mais non, mais non. J'insiste que vous m'accompagnez. J'ai quelque chose de complètement nouveau. Absolument unique.

Visiteur: Un lawn-mower avec fonction trouble-free?

Monsieur: Non. Un jardin littéraire.

Visiteur: Ce n'est pas unique. Je pense immédiatement à D. H. Lawrence et son *Pansies*. Curieux, really. D. H. et pansies. Not many people savent cela.

Monsieur: Non, non. Un vrai jardin littéraire. Dans mon jardin j'ai inventé et perfectionné des fleurs spéciallement dediées à des auteurs.

Visiteur: Ho ho. Comme quoi?

Monsieur: Forsythia.

Visiteur: Faîtes-nous une faveur. Forsythia n'est pas une fleur littéraire.

Monsieur: Ah! Ceci est une autre Forsythia. C'est nommé pour Frederick Forsyth!

Visiteur: Non!

Monsieur: Oui. La fleur est très, très commune. Elle se répète tout le temps. Il n'y a pas beaucoup de variétés. Et elle préfère les conditions d'Irlande. Donc, je l'ai nommée Forsythia.

Visiteur: Parfait! Vous avez d'autres fleurs littéraires?

Monsieur: Oui. Les Dahlias.

Visiteur: Dahlias?

Monsieur: Pour Roald Dahl. Mes Dahlias sont courtes, dramatiques et pleines de poison.

Visiteur: Nice one, jardinier.

Monsieur: Il y a aussi mon nouveau Begonia.

Visiteur: Je ne comprends exactement . . .

Monsieur: Pour l'auteur français, Jean-Louis Begon. Ses livres sont maintenant morts. Mes Begonias sont morts aussi.

Visiteur: Voila enfin un jardin avec une différence. Allons voir!

Lesson Vingt-Six

Dans l'Airline Office

Official: Bonjour, madame. Vous avez un problème?

Madame: Well, oui et non. Last week, j'étais en transit avec Pantram de Miami à London . . .

Official: Ah, vous avez une complainte?

Madame: Well, non. Actuellement, le trip était tolérablement enjoyable. Les stewardesses étaient très nice. L'homme a côté de moi était une nuisance parfaite—il poussait tout le temps son call button—mais elles ne perdaient jamais leur smile.

Official: Bon.

Madame: Et le film était intéressant. Il avait Robert Morley. Quel homme nice! Non, non, je me trompe. Robert Morley était dans la magazine in-flight. C'était Roger Moore dans le film. Il est nice aussi. Mais pas aussi nice que Robert Morley.

Official: Madame, si vous voulez me dire la nature de votre visite, peut-être vais-je vous aider.

Madame: Oui. Well, après deux heures on commençait à servir le lunch. Vous savez, sur les petits trays?

Official: Oui, je sais.

Madame: Il y avait un peu de melon pour commencer. Pas mauvais. Un peu dur, mais pas mauvais. L'homme a côté n'a pas touché son melon. Il a appelé une stewardess. 'J'insiste que vous remplacez mon melon!' qu'il dit. 'Monsieur,' elle dit, 'nous remplacerons votre melon au prochain magasin de fruit et veg. que nous passons.' Jolly funny, n'est-ce pas? Un peu cheeky, mais vite comme un flash.

Official: Madame, je ne vois pas exactement la direction générale de . . .

Madame: Et après le melon nous avions du poulet dans une sauce blanche. C'est à cause du poulet que je suis ici.

Official: Ah! Le poulet était off? Vous avez été malade? Vous allez me donner un writ pour £3m?

Madame: Non. Je veux avoir le recipe du poulet. C'était délicieux.

Official: Vous . . . voulez . . . un recipe . . . d'une airline?

Madame: Oui. Si c'est un grand bother pour vous . . .

Official: Non, non, pas du tout. On va poser le problème au computeur central de Pantram. Je fiddle avec ces knobs ici, et boum! la réponse apparaîtra à l'écran de TV.

Madame: C'est magie.

Official: Ah! Voilà. 'Le recipe vient de page 92 du Robert Morley In-Flight Cookbook.'

Madame: Robert Morley encore! Il est un Homme de Renaissance, ce type-là.

Official: Oui, n'est-ce pas? Next, please.

Dans la Cathédrale

Verger: Bonjour, monsieur.

Monsieur: Bonjour, padre.

Verger: Il n'y a pas de charge d'entrée. Vous pouvez circuler dans la maison de Dieu complètement libre.

Monsieur: Bon.

Verger: Mais il est customaire de donner une petite contribution au Fighting Fund.

Monsieur: Quel Fighting Fund?

Verger: Le fund qui fait le fight contre la collapse totale de la cathédrale. Nous disons aux touristes: Welcome! Amusez-vous dans ce jewel de l'art gothique. Mais aidez-nous la préserver pour la postérité. Donc, cough up.

Monsieur: Je ne suis pas un touriste. Je suis venu pour la méditation.

Verger: C'est vrai? Ce n'est pas une blague? Vous ne prenez pas le mickey?

Monsieur: Pas du tout.

Verger: Etonnant. Amazing. En ce cas, pour vous c'est half-price.

Monsieur: Il faut payer pour prier maintenant?

Verger: Mais non, mais non! C'est absolument volontaire. La seule chose est, avec tous les touristes et les groupes guidés, la cathédrale est *très* choc-à-bloc. Et les gens qui prient, et méditent, et tout cela, eh bien, ils forment une petite obstruction. Donc, il faut payer.

Monsieur: Je ne paie pas.

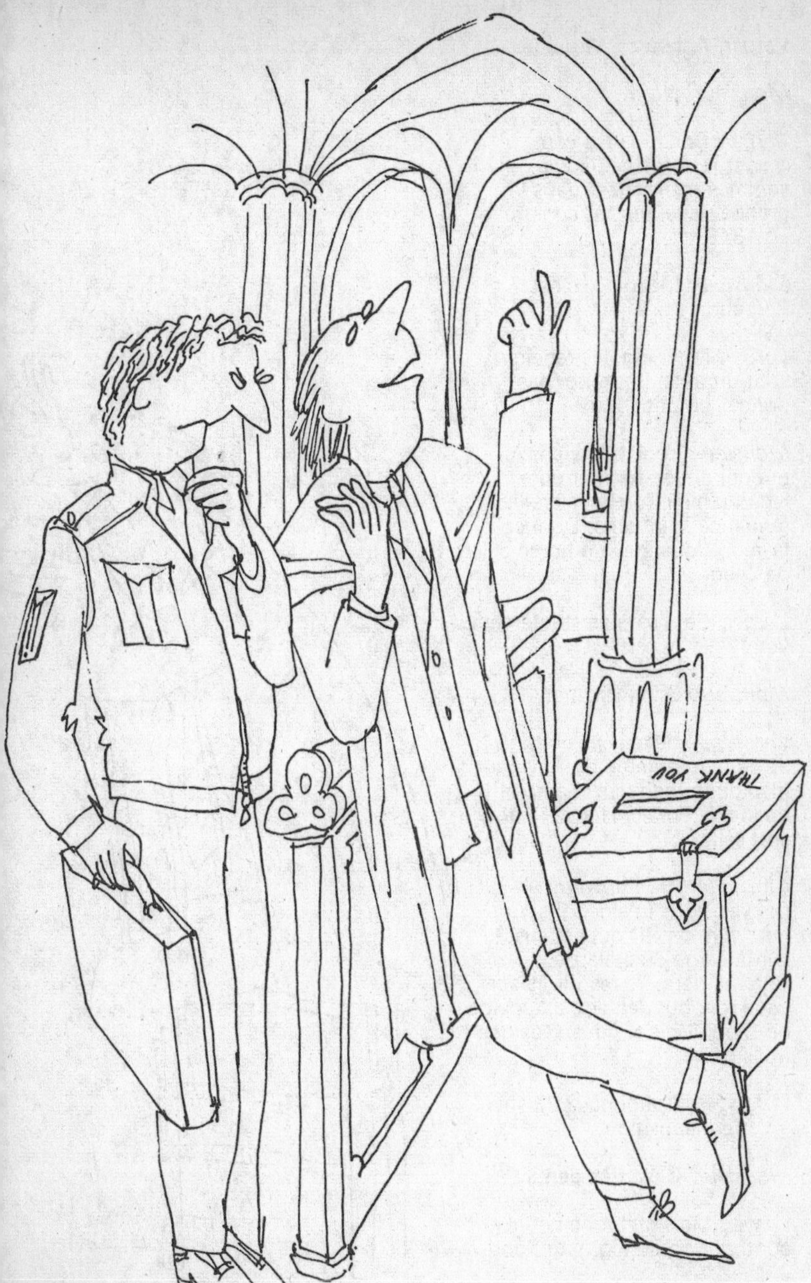
THANK YOU

Verger: Achetez une guide.

Monsieur: Non.

Verger: Bon. Je vais vous guider moi-même. Nous sommes maintenant dans la grande nave, qui fut construite en 1346.

Monsieur: Meaning, c'est Perpendicular?

Verger: Meaning, les repairs sont urgents. Pourquoi pas donner un petit sou?

Monsieur: Look! Je viens ici ni pour payer, ni pour une leçon d'histoire. Je désire la guidance spiritualle. Donnez-la-moi. Vous êtes un homme de Dieu.

Verger: Ce n'est pas strictement vrai.

Monsieur: Comment non?

Verger: Je ne suis pas ordiné. Je suis un homme de PR, un marketing man dans l'emploi de la cathédrale. Hence le holy soft sell.

Monsieur: Ah. Peut-être pouvez-vous m'aider. J'ai un petit firm de PR qui est aussi sur la verge de collapse. Comme dernière resorte je suis venu ici pour demander l'advice de Dieu. Mais si vous avez des hot tips . . . ?

Verger: Pourquoi pas? Je suis à votre disposition.

Monsieur: C'est très gentil.

Verger: Mais first, une petite contribution au Fighting Fund.

Monsieur: OK.

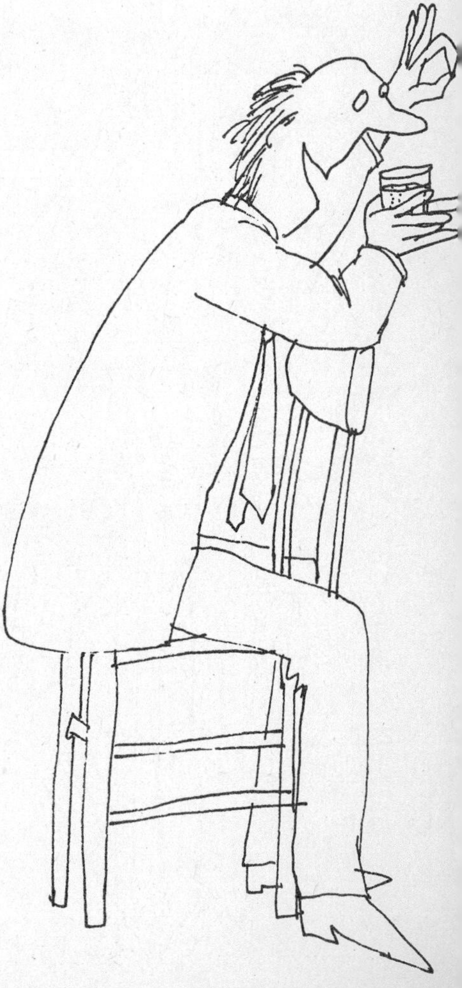

Lesson Vingt-Huit

La Confrontation Industrielle

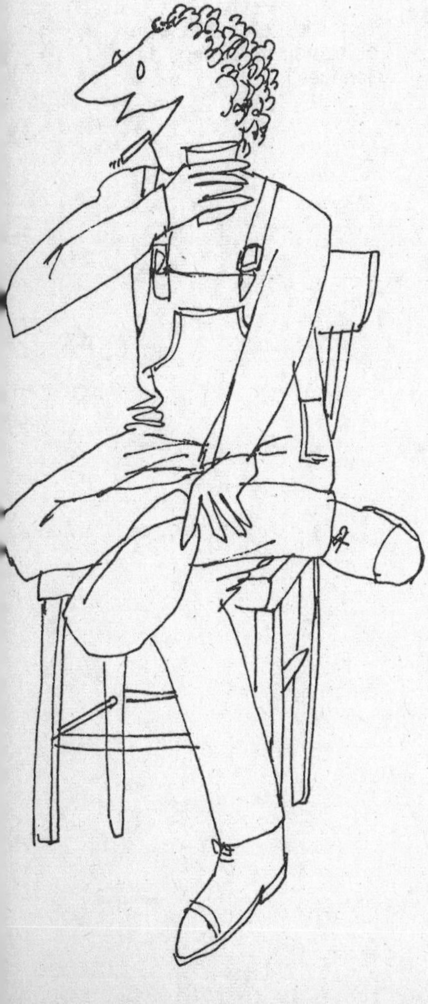

Steward de Magasin: . . . Et donc, en vue de nos grievances très réelles, votre refusal absolu de préserver nos différentiaux et notre solidarité fraternelle, je demande un award de pay de 29%.

Boss: En vue de la recession du monde, les conditions très difficiles et l'intransigence de la workforce, je vous offre 2%.

Steward: C'est dérisoire.

Boss: Oui, n'est-ce pas ? OK, 16%, mais pas un penny de plus.

Steward: C'est une insulte. Si vous ne stumpez pas le 29%, je vais ordonner une strike totale. Mes hommes sont solides sur this one.

Boss: Si vous appelez un walk-out, je vais fermer l'usine.

Steward: Si vous fermez l'usine, je vais organiser un sit-in.

Boss: Si vous avez un sit-in, je vais organiser un chuck-out.

Steward: En l'occurrence d'un tel display de bloody-mindedness, je ne fais pas le ruling-out de violence.

Boss: Ce n'est pas impossible

que j'enliste l'aide de la police.

Steward: J'ai seulement à claquer mes doigts, et 2,000 pickets volants arriveront le même jour.

Boss: J'ai seulement à lever ma téléphone et 2,000 managers arriveront pour tenir ouverte l'usine.

Steward: Mes pickets volants battraient vos managers avec une main liée derrière le dos.

Boss: Mes managers knockeraient vos pickets au milieu de la semaine prochaine.

Steward: Oh non, ils ne pourraient pas.

Boss: Oh oui, ils pourraient.

Steward: Oh non, ils ne pourraient pas.

Boss: Look. Nous ne faisons pas beaucoup de progrès. Recommençons.

Steward: OK. Nous demandons un settlement de 23%.

Boss: C'est impossible. Nous n'avons pas l'argent. 18%.

Steward: C'est pathétique. Mes hommes . . .

Boss: Vos hommes sont un shower de layabouts.

Steward: C'est possible. Et vos directeurs sont un soft job-lot de no-hopers.

Boss: C'est absolument vrai. 20%?

Steward: Mmmm . . . 21%?

Boss: OK. Done. Un gin et tonic?

Steward: Merci, squire. Dis donc, les vacances de golfing, c'était bien?

Boss: Oui, un knock-out. Et votre séjour cut-price à Miami?

Steward: Lovely. Tiens, je vous ai apporté un cadeau—un T-chemise.

Boss: C'est chouette. Vous voulez voir mes snaps de vacances?

Dans le Betting Shop

Punter: Bonjour. Je veux collecter mes winnings.

Cashier: Ce n'est pas possible. Le running des chevaux n'a pas commencé.

Punter: Ce n'est pas un bet de chevaux. Le 11 Septembre 1980, le gouvernement de Turkey a reçu le toppling dans un coup sans sang. Le militaire a fait le take-over.

Cashier: Pour les Turques, c'est bad news. Pour moi, ça m'est égal.

Punter: Not so. En 1979, j'ai placé un bet avec vous que le régime Turquois serait remplacé le 11 Septembre 1980. J'ai nommé la date, la locale et les noms des caractères principaux.

Cashier: C'est vrai ? Cherchons dans le drawer de miscellaneous bets. La femme du Prince Charles . . . le turning-up de Milord Lucan . . . le next big earthquake . . . ah ! Toppling

en Turkey. C'est vous, M. Grimble?

Punter: Oui.

Cashier: Alors, vous avez gagné ... 500-1 ... £500 ... minus taxe ... vous avez gagné £224,000. C'est beaucoup.

Punter: Pas vraiment. C'est pour un syndicat dont je suis le chef.

Cashier: Ah. Et le syndicat est composé, par hasard, d'officiers de l'armeé de Turkey?

Punter: Mum est le mot.

Cashier: Néanmoins, c'est impressif. Voilà votre argent, monsieur, et au revoir.

Punter: Pas si vite. Je veux placer un autre bet.

Cashier: Ah! La chute de l'Ayatollah, peut-être? L'invasion de la Pologne?

Punter: Non. Cette fois, c'est le big one. Je veux faire un wager que World War Trois va commencer le 13 Mai 1983.

Cashier: Bloody hell! Vous êtes sûr?

Punter: Ça dépend. Quels odds vous offrez?

Cashier: Un moment. Vous voulez placer un bet aussi sur la fin de World War III?

Punter: Il se terminera aussi le 13 Mai, mais ce n'est pas important.

Cashier: Un autre moment. Si vous gagnez, vous ne pouvez pas collecter vos winnings.

Punter: Not so. L'Angleterre ne va pas être affectée. Pas immédiatement, en tout cas.

Cashier: Vous avez inside information?

Punter: Je connais quelques stable lads du monde politique, voilà tout.

Cashier: Eh bien, c'est difficile. Je n'ai pas d'instructions pour les odds sur WWIII. Je vais faire le checking avec mes bosses. Revenez cet après-midi.

Punter: OK. Mais une chose, hein? Ne contactez pas la police ou l'intelligence. Si vous les contactez, je serai obligé de transférer mon business à Joe Coral.

Cashier: Oui, monsieur. Au revoir.

Punter: Au revoir.

Lesson Trente

Chez le Boucher

Madame: Bonjour, monsieur.

Boucher: Bonjour, madame. Que désirez-vous ? Jambe d'agneau Kiwi, chop de porc, lapin, rib d'émergencie, filet de boeuf . . . ?

Madame: Vous avez du filet de boeuf ? A quel prix ?

Boucher: A £4.75 un lb.

Madame: Mon dieu ! Comment peut-on payer cela ?

Boucher: Avec un deposit et instalments réguliers. Ou un loan de banque. Je suis facile.

Madame: Je veux acheter un cheap cut pour une casserole.

Boucher: How about scrag end de boeuf ? £2 un lb.

Madame: Trop cher.

Boucher: Hmm. Scrag end de lapin ?

Madame: Trop petit.

Boucher: Alors, un morceau d'oxbridge ?

Madame: C'est un cut que j'ignore.

Boucher: Oxbridge, c'est le 5% inutile de l'animal. Petit joke intellectuel.

Madame: Merci. Et cela, qu'est-ce que c'est ?

Boucher: C'est vealgristle.

Madame: Yuk. Et cela ?

Boucher: Ca, c'est mon washing up cloth. 40p. C'est plein de sang, mais très tough.

Madame: Vous avez quelque chose pour moins de 50p ?

Boucher: Bien sûr. Trois saucisses. Deux vertèbres d'oxtail. Une paire de

sheepsears. Ou un demi-mètre de parsley plastique.

Madame: Une casserole de saucisses ou parsley, ce n'est pas mon idée de fun.

Boucher: Si vous cherchez du fun, pourquoi pas un ragoût d'un oxtail et deux oxears. Matador stew ! Olé !

Madame: Charmant. Qu'est-ce que vous avez comme offal ?

Boucher: Les fagots. Les lumières. Les oxhooves. Corset de mouton. Tête de grouse. Wing of bat and eye of newt. Frogspawn ? C'est très tasty avec watercress.

Madame: C'est dégeulasse.

Boucher: J'ai une idée. Oubliez la casserole. Mangez une omelette. J'ai des oeufs très prime quality. Anglais. Bruns.

Madame: Ils sont frozen ?

Boucher: Mais non ! Ils sont fresh, 60p per ½ doz.

Madame: Je prends deux.

Boucher: Bon—deux oeufs, madame.

Madame: Et delivery personal dans votre van, s'il vous plaît.

Lesson Trente-et-Un

Une Audience avec le Pape

Visiteur: Bonjour, Votre Sérénité, Jean-Paul II.

Pape: Quoi ? Ah, oui. Tu sais, on m'a appelé Karol depuis si longtemps . . .

Visiteur: Pour moi, O grand Père, c'est le jour le plus proud de ma vie.

Pape: Chut ! 'Pride précède un fall'—Vieux Testament, page 102, coin bottom right.

Visiteur: Oui, c'est vrai. Eh bien, pour moi, c'est le jour le plus humble de ma vie.

Pape: Tu as bien dit, mon enfant.

Visiteur: C'est une matière de rejoicing pour moi que vous avez l'air si fit et rélaxé.

Pape: Oui, n'est-ce pas ? C'est parce que je fais le jogging et la méditation.

Visiteur: Je suis surpris que vous avez le temps.

Pape: Je fais les deux choses en même temps. Trois fois autour du Vatican et six Ave Marias, simultanément. Je l'appelle le medijogging. Une petite idée que j'ai eue.

Visiteur: C'est une inspiration.

Pape: N'exagérons pas, mon enfant. Dis-moi, de quelle partie de France tu viens ?

Visiteur: De Paris, Saint Père.

Pape: Ah. Tu as lu les reviews de mes pièces de théâtre ?

Visiteur: Oui. Ils étaient . . . eeuh . . . mixed.

Pape: Ils étaient stinking. Ah, ces critiques, qu'est-ce qu'ils savent ? Ils ne savent rien. Mais je les pardonne. Pour moi, c'est une expérience humblante. Les reviews qui stinkent, je les accueille avec les bras ouverts.

Visiteur: C'est très noble.

Pape: Je connais maintenant les sentiments de ce vieux Peter O'Toole. Pauvre bloke ! Quel suffering. Je suis presque tenté à le canoniser. Tu crois, Saint Pierre O'Toole?

Visiteur: Eh bien . . .

Pape: Peut-être que vous ayez raison. Je ne suis pas infallible, après tout.

Visiteur: Vous parlez Franglais très bien.

Pape: Je parle beaucoup de langues, parfois simultanément. Une petite idée que j'ai eue. Tu sais, les Polonais sont obligés d'être multilingues. Eh bien, l'audience est presque finie.

Visiteur: Je sais que vous êtes un homme tres busy.

Pape: Et how! Cet après-midi, je fais un tour de Brasil, Nigeria et Singapore. Etre un pape moderne, c'est non-stop. Eh bien, je vous bénisse, je dis au revoir, et je dois voler.

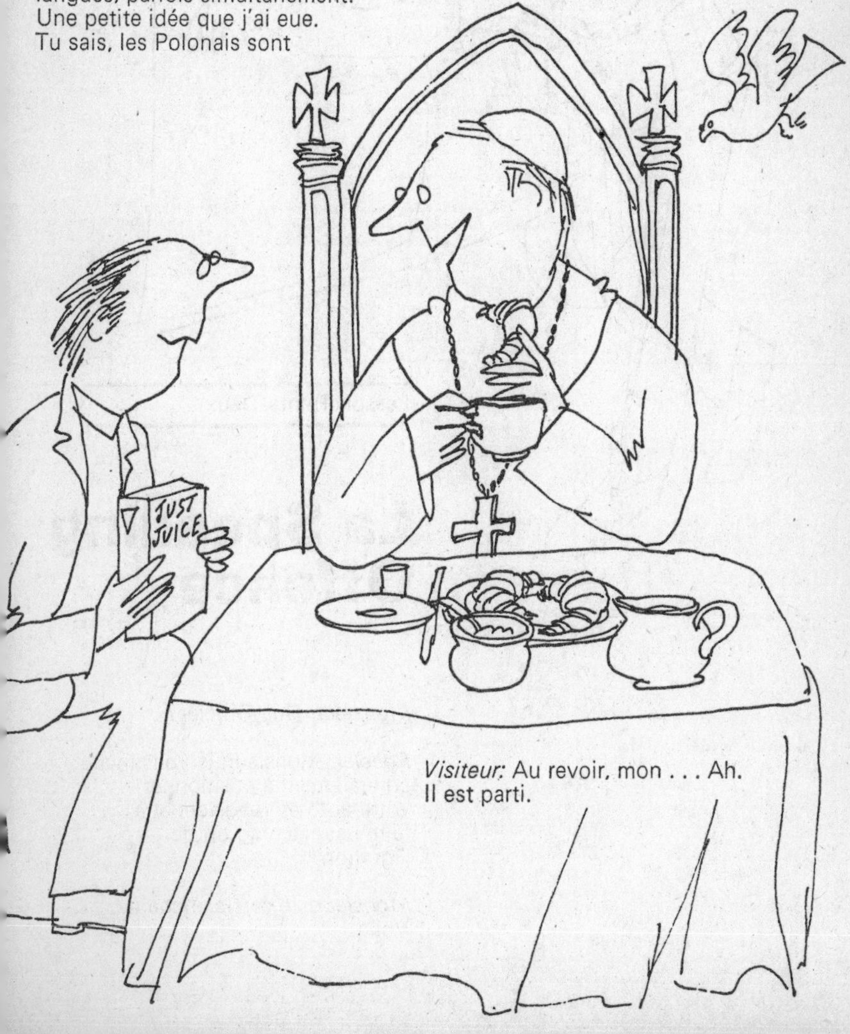

Visiteur: Au revoir, mon . . . Ah. Il est parti.

Lesson Trente-Deux

La Speeding Offence

Monsieur: Oui, Officier?

Policier: Monsieur, je vous invite cordialement à positionner votre auto au roadside, et à faire le switching off de l'ignition.

Monsieur: Je serais enchanté. Voilà.

Policier: Merci, monsieur. C'est gentil. Maintenant, êtes-vous aware que votre vitesse était 67 mph ?

Monsieur: C'est vrai ? Vous me fascinez.

Policier: Et que vous êtes dans un area built-up, et sujet donc à une restriction de 30 mph, ou approximativement 48.277 kph ?

Monsieur: Je n'avais pas remarqué. Mais je vous crois implicitement.

Policier: Monsieur, je suis touché par votre crédence.

Monsieur: Mais dites-moi, mon ami—si vous pardonnez cette familiarité—comment vous êtes si sûr que ma vitesse était exactement 67 mph ?

Policier: Ou 107.2 kph, roughly. Eh bien, j'ai ici une petite machine. Elle régistre les vibrations soniques d'une auto approchante. Puis, sur ce petit screen ici, il y a un readout immédiat de la vélocité.

Monsieur: Terrif ! Je peux avoir un go ?

Policier: Mais of course. Tenez la machine sous votre bras. Oui, comme ça. Maintenant, vous voyez la Porsche qui approche ?

Monsieur: Oui.

Policier: Pointez la machine dans sa direction. Pressez le knob. Et voilà !

Monsieur: 81 mph. C'est magique !

Policier: C'est fun, n'est-ce pas ?

Monsieur: Vous permettez que j'arrête le chauffeur de la Porsche ?

Policier: Ah non. Je regrette, monsieur, mais vous n'avez pas l'uniforme.

Monsieur: Vous avez d'autres petits gadgets ?

Policier: Ma radio de lapel. C'est pour parler à la gare.

Monsieur: Je peux parler à la gare, moi ?

Policier: Pourquoi pas ? Dites : 'Allo, Charlie, c'est 47 ici. J'ai arrêté un punter qui faisait 67 mph.'

Monsieur: 'Allo, Charlie, c'est 47 ici. J'ai arrêté un sucker qui faisait 67 mph.'

Radio: 'Blimey. Ils n'apprennent jamais, eh ? Jetez le livre à lui.'

Monsieur: Fantastique ! Ah, mes enfants seront jaloux quand je leur dirai que j'ai joué avec les gadgets du fuzz.

Policier: Eh bien, il faut que je rentre à mon travail. Au revoir, monsieur, et mind comment vous allez.

Monsieur: Mais vous avez oublié le booking !

Policier: Ah, vous avez raison ! Bien spotté.

Monsieur: Coopérez toujours avec la police, c'est mon motto.

Cette lesson de Franglais est sponsorée par Scotland Mètre.

Lesson Trente-Trois

Dans le Delicatessen

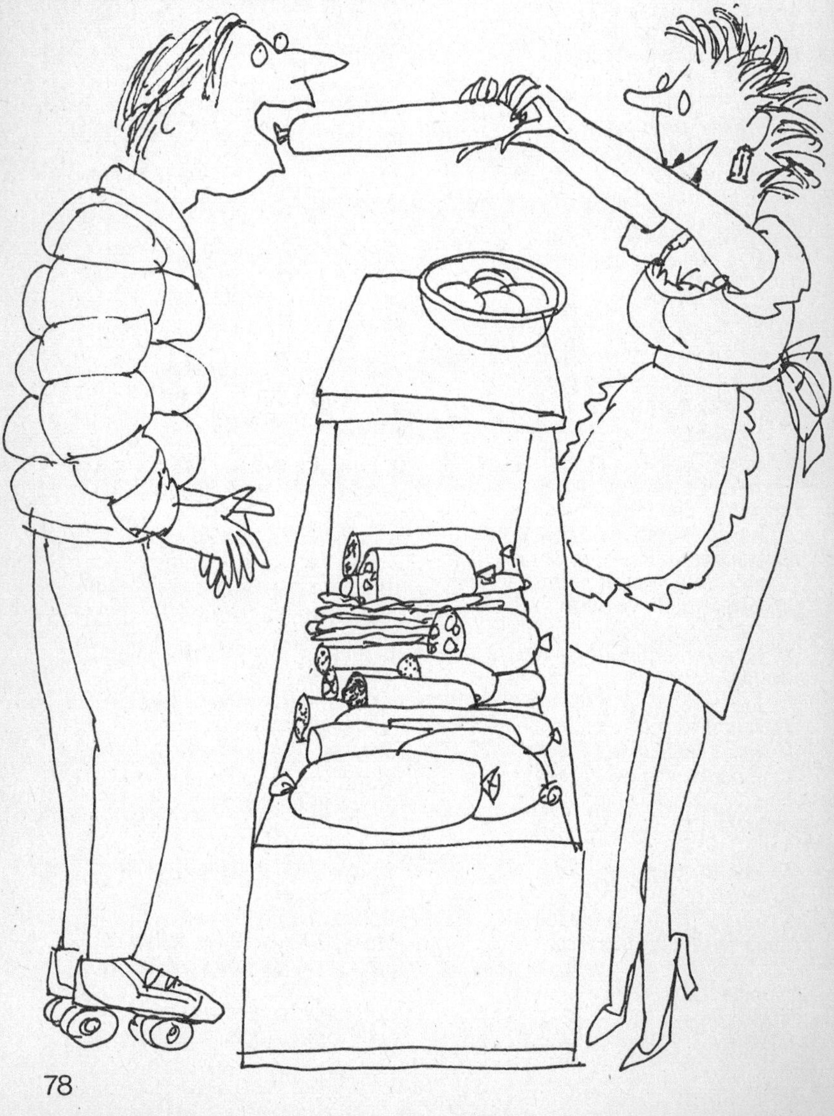

Assistant: Next, s'il vous plaît.

Monsieur: C'est moi. Je désire du salami.

Assistant: Oui, m'sieu. Quelle sorte ?

Monsieur: Ah. Il y a des sortes différentes ?

Assistant: Mais oui ! De toutes les nationalités.

Monsieur: Donnez-moi un petit run-down sur la choix available.

Assistant: Eh bien, vous avez le français, qui est greasy et plein de garlic. Vous avez l'italien, qui est amusant mais anti-social. L'allemand, qui est tough comme des vieilles bottes. Le danois, qui est d'un pink choquant. Et l'irlandais.

Monsieur: Irish salami ? C'est bon ?

Assistant: C'est dégoutant. Prenez une sample. Voilà.

Monsieur: Mmmm. Oui, vous avez raison. C'est yuksville.

Assistant: Il y a des saucisses de Germany, si vous voulez. Knackerswurst. Ou Kracker-knackerswurst. Ou Schaden-freudenwurst. Ou Bangwurst.

Monsieur: Je peux essayer le Bangwurst ?

Assistant: Of course. Voilà.

Monsieur: Mmmmm . . . c'est . . . c'est . . .

Assistant: Indéscribable ?

Monsieur: Voilà le mot juste !

Assistant: Je peux vous offrir aussi le Polish garlic sausage, qui vient en forme de pipe-cleaner. C'est garanti 10% garlic, 90% skin.

Monsieur: Horrible.

Assistant: Essayez tout de même.

Monsieur: OK . . . Mmm ! C'est horrible !

Assistant: Voilà quelque chose de différent. Une saucisse de l'Espagne, le chorizo.

Monsieur: Pourquoi c'est different ?

Assistant: Parce que c'est 100% blobs de fat blanc !

Monsieur: Quelle abortion. Je peux essayer ?

Assistant: Oui, soyez mon guest. Il y a aussi la mortadella, qui est le spam d'Italie, mais sans le personnalité de notre spam.

Monsieur: Dites-moi. Si vous n'aimez pas la charcuterie, pourquoi vous travaillez ici ?

Assistant: Pour voler le smoked salmon. Dites-moi aussi. Si vous n'aimez pas les meats exotiques, pourquoi vous les mangez ?

Monsieur: C'est mon free lunch. Je passe de delicatessen à delicatessen pour les samples libres.

Assistant: Quelle initiative. Un morceau de gristle fumée de Finlande, avant de partir ?

Monsieur: Ugh. C'est gentil, merci beaucoup.

Lesson Trente-Quatre

Dans le Hi-Fi Shop

Monsieur: Je veux remplacer mon stylus.

Audioman: Donnez-moi un shufti.

Monsieur: Voilà. C'est un C-34562M.

Audioman: Ah ! Ça n'existe plus. C'est obsolete.

Monsieur: Mais . . .

Audioman: Il a été remplacé par un Hagasaki N-47 (D).

Monsieur: Ah !

Audioman: Qui est available seulement au Japon et en Californie.

Monsieur: Mais . . .

Audioman: Et par la cartridge Wharfbang A-40 (M).

Monsieur: Ah !

Audioman: Qui vient seulement dans la Nugatron-Musique-Coquetail-Cabinette-Complexe 0940 (except Saturday : see Table 46), £540.

Monsieur: Look. Je suis un homme simple. J'ai un stylus. Le stylus commence à ruiner mes vieux LPs de Roll de Gelée Morton. Je veux remplacer mon stylus.

Audioman: Look. Je suis un audioman simple. J'ai un shop. Si je remplace les stylus, je vais bust. Je remplace seulement les centres de musique.

Monsieur: Come to think, mon système de sound est un peu yesterday. Que recommandez-vous comme remplacement ?

Audioman: Ah ! Maintenant vous parlez ! Nous avons trois bargains absolument fantastiques en ce moment. 1) Le West-Indian Suitcase-Cassette Rolleur-Skateur Hold-All avec Free Frisbee, £400 réduit à £399.99. 2) Le Discomania Strobe-Musique-Centre, avec Permission de Planning de Norman St Jean-Stevas, £400 avec Arts Council grant. 3) Le Jean Lennon Memorial Tribute Sound-Bloc 'Au Musicien Inconnu' rock-bottom £400, fabriqué per Yoko-Sony.

Monsieur: Réduit a £399.99 ?

Audioman: Of course.

Monsieur: Hmm. C'est difficile. Vous n'avez pas un stylus C-34562M ?

Audioman: Non. Mais j'ai une paire d'ear-phones Jackie Kennedy en silk pur. Ou un set video Monty Python avec les takes alternatives.

Monsieur: Look. J'ai le sentiment que nous ne parlons pas la même langue. Je suis dans une stylus-shortage situation. Vous êtes dans un audio-freak-trip.

Audioman: Vous avez raison. Mon mind a été zappé. J'ai freaké. Je suis hors de mon skull.

Monsieur: Bon. Donnez-moi un stylus C-34562M.

Audioman: Voilà.

Monsieur: Bon. C'est £4.50, n'est-ce pas ?

Audioman: Oui.

Monsieur: Bon. Voilà.

Audioman: Merci. Et le next, please.

Lesson Trente-Cinq

Le Punch-Up

Phase Un: La Provocation

1er Monsieur: Hey!

2ème Monsieur: Quoi?

1er: Vous!

2ème: Qui?

1er: Vous là!

2ème: Que voulez-vous dire—vous là!?

1er: Vous m'avez donné un knock. Mon pint de bitter est all over mon jacket.

2ème: C'était pas moi, mate.

1er: Vous m'appelez un liar?

2ème: Non. Je vous appelle un blind twit.

1er: Qui m'appelle un twit aveugle?

2ème: C'est moi qui vous appelle un twit aveugle. Aussi un ponce de la première eau.

Phase Deux: Echange d'Insultes

1er: Ah—cela vient bien d'un demi-wit comme vous, espèce de poofteur!

2ème: Get perdu, petite crevette.

1er: Crevette? J'ai mangé des gens comme vous avant le petit déjeuner, mate!

2ème: Allez prendre un jump courant.

Phase Trois: Les Menaces

1er: Right. Ça suffit. C'est ça. C'est le straw final.

2ème: Push off. C'est votre bed-time, petit garçon.

1er: Ah, ça alors! Maintenant je vais réarranger vos features.

2ème: Essayez seulement et je vais vous situer au milieu de la semaine prochaine.

1er: Quand j'ai fini avec vous, chéri, vous ne saurez si vous allez ou venez.

2ème: Vous ne voulez pas continuer à vivre, ou quoi?

Phase Quatre (a): L'Arbitration

Barman: Messieurs, messieurs! Pas de rough maison ici, si vous ne mindez pas.

Phase Quatre (b): Failure de l'Arbitration

1er: Stuffez-vous.

Phase Cinq: Préparation pour les Hostilités

2ème: OK. Vous l'avez demandé.

1er: Right. Je vais vous aplatir.

2ème: Grosse chance, mate.

Phase Six: Ouverture des Hostilités

1er: Prenez ça. Ouf!

2ème: Et prenez ça—euh!

Phase Sept et Finale: Réunification contre un Ennemi Commun

PC: Allo, âllo, âllo. Qu'est-ce qui se passe ici, alors?

1er: Oh, rien, officier. Mon ami

et moi, nous discutions le weather.

2ème: Oui. Un tête-à-tête privé.

PC: Bon. Parce que s'il y a de l'aggro, je pourrais perdre mon temper.

1er: Ah, monsieur, je déteste la violence.

2ème: Je prends seulement une bière silencieuse.

PC: Bonne nuit, tous.

Lesson Trente-Six

Le Railcard

Monsieur: Bonjour.

Caissier: Bonjour, monsieur.

Monsieur: Je veux aller à Shrewsbury.

Caissier: Ier, 2ème, un-way, deux-way, cheap-jour, football-terror-special . . . ?

Monsieur: Un-way ordinaire, svp.

Caissier: £19.50.

Monsieur: Pour quatre.

Caissier: £78.

Monsieur: Ah ! Mais j'ai un railcard !

Caissier: Oh, Jésus.

Monsieur: Pour ma femme j'ai un Deux-Parents Famille Nucléaire railcard. Regardez : la carte avec sa photo.

Caissier: C'est une photo de Jimmy Savile.

Monsieur: Non, c'est ma femme qui a une resemblance curieuse au jockey de disques célèbre. C'est très utile dans le trains. Et les discos.

Caissier: Alors, 50p pour la femme.

Monsieur: Bon. Pour ma fille, j'ai un Teenage-Problem Railcard.

Caissier: Un Teenage-Problem Railcard ? Vous prenez le Michael ?

Monsieur: Mais non. C'est un nouveau railcard. Il garantit que votre adolescent pimplé et gawkeux peut voyager libre *à condition que* 1) il ne démolit pas les fittings 2) il ne terrorise pas les passagers avec les idées trotskyistes 3) il ne déraille pas le train 4) il ne devient pas plâtré avec Brun de Chateauneuf.

Caissier: Bon. Un ticket gratuit. Et le quatrième ?

Monsieur: C'est Birgit, notre au pair de Copenhagen. Pour elle, j'ai une Au-Pair Runaround Free-Flirt Railcard. Regardez, sa photo.

Caissier: C'est encore une photo de Jimmy Savile.

Monsieur: Toutes les jeunes filles de Danemark ressemblent a Jimmy Savile OBE.

Caissier: Mais l'Au-Pair Railcard n'existe pas !

Monsieur: OK, OK. J'ai ici un Anglo-Danois Scandifriendship Railcard.

Caissier: Je ne le connais pas.

Monsieur: En ce cas, je désire un ticket communal pour moi, ma femme et Birgit. Regardez, mon Ménage-à-Trois Fun-Threesome Railcard ! J'ai une photo *très* intéressante !

Caissier: OK, OK. Vous êtes le winner. £29.50, svp.

Monsieur: £29.50 ? C'est beaucoup.

Caissier: Durant notre conversation, on a annoncé une augmentation de prix de 15%. Tough chance. Et si vous ne regardez sharp, on va fermer la gare de Shrewsbury. Next svp !

Lesson Trente-Sept

Les Pub Games

Client: Bonjour, landlord.

Mon host: Bonjour, squire. Qu'est-ce que c'est que votre poison ?

Client: ½E.

Mon host: Comment ? C'est une formule chemicale ?

Client: Un half de 'E'.

Mon host: Ah ! Oui, c'est une formule chemicale. Voilà.

Client: Dites-moi, mon bonhomme, avez-vous sur vos premises un vieux pub game ? Quelque chose de simple pour m'amuser ?

Mon host: Nous avons un pub game *très* ancien. Cette machine de fruits au coin.

Client: Le bandit à un bras ? C'est *ancien* ?

Mon host: Oui. Il date de 1976. Il est sur ses derniers jambes. Tiens, hier il a donné un jackpot de 80,000 pesetas. Il est un peu crazy. Il faut appeller le vet et lui donner le put-to-sleep.

Client: C'est tout very well, mais je cherche un *vrai* pub game.

Mon host: Comme quoi, vieux garçon ?

Client: Comme les jeux traditionnels de Merrie Angleterre. Le cribbage, les domineaux, le pousse-ha'penny, le flinging du fromage, le flonking du dwile, etc.

Mon host: Vous habitez dans un monde différent, mate. Tout cela, c'est mort. Parti. Disparu. Dodoesque. Vous le trouverez dans les suppléments de couleur, mais pas dans le monde réel.

Client: C'est triste.

Mon host: Rubbish. Nous avons maintenant une nouvelle tradition de pub games. Les Envahisseurs de l'Espace ! L'Astro-Fight ! Le Télé-Tennis ! Le Pool Yankee ! Vous voyez les hommes là-bas ? Qui jouent ? Ils sont vos actuels joueurs de pub games de 1981.

Client: Ils ont l'air de professeurs de math. Je préfère les vieux pub games.

Mon host: Et moi, je préfère les nouveaux.

2ème client: Pardon. Je suis un eavesdroppeur. Vous êtes wrong, tous les deux. Vous parlez seulement des fads, des modes. Les *vrai* pub games, les pub games authentiques et éternels, sont différents.

Mon host et client: Expliquez ça, wise guy.

2ème client: Volontiers. Je réfère aux amusements comme le Guessing de l'Age du Scotch Oeuf. La Recherche du Gents. Le Catching de l'Oeil du Barman. Le Finding du Spare Stool. Le Dropping du Change dans la Wet Puddle. Le Drowning de la Conversation avec la Boîte de Juke.

Mon host: Vous avez un point là. Mais vous interrompez toujours les conversations privées comme ça ?

2ème client: Mais oui ! C'est le plus vieux pub game de tout temps !

Le Shoplifting

Détective: Ah ha ! Gotchère !

Madame: Squark !

Détective: Vous êtes nabbée. Je vous ai attrapée avec les mains rouges. C'est un cop blond, n'est-ce pas ?

Madame: Ah, monsieur, ayez pitié, et donnez-moi un break. Je suis une petite old lady, j'habite dans une chambre condamnée et je n'ai qu'un seul ami : mon chat Biggs. C'est pour lui, ce tin de tuna chunks.

Détective: C'est extravagant, le tuna. Pourquoi pas les pilchards ?

Madame: Les pilchards sont sur le top shelf. Je suis une très petite old lady.

Détective: Bon point.

Madame: Et aussi, si vous êtes un shoplifteur, le tuna est le même prix que les pilchards.

Détective: C'est vrai. En ce cas, pourquoi pas le caviar ?

Madame: Biggs déteste le caviar.

Détective: Hmm . . . Nous semblons avoir perdu le drift. Recommençons . . . Ah ha ! Gotchère ! Vous êtes nabbée ! Venez avec moi chez le Deputy Manager !

Madame: Un moment. Avez-vous identification ? Un proof que vous êtes détective de store ?

Détective: Volontiers. Voilà ma carte : 'J. Wisbech est appointé détective de store par Waffle et Peabody, le plus grand store départmental de Londres de sud, late night jeudi, est. 1879.'

Madame: Bon. Et voilà ma carte. 'Ruth Gingold est une membre certifiée des Shoplifteurs Internationals, Paris, Melbourne et Nouveau York, le guild global pour l'improvement des standards de shoplifting.'

Détective: C'est un leg-pull ou quoi ?

Madame: Non, c'est mort sérieux. Nous faisons un filme documentaire sur le shoplifting et espéciallement sur les petites old ladies qui habitent dans une seule chambre avec leur chat, Biggs. C'est pour le BBC-Deux, avec backing de Temps-Vie, Interpol, et Oceanfresh Tuna Chunks.

Détective: Vous m'invitez à croire que nous sommes dans un *filme* ?

Madame: Mais oui. Regardez, les caméras.

Detective: Mon dieu, c'est vrai !

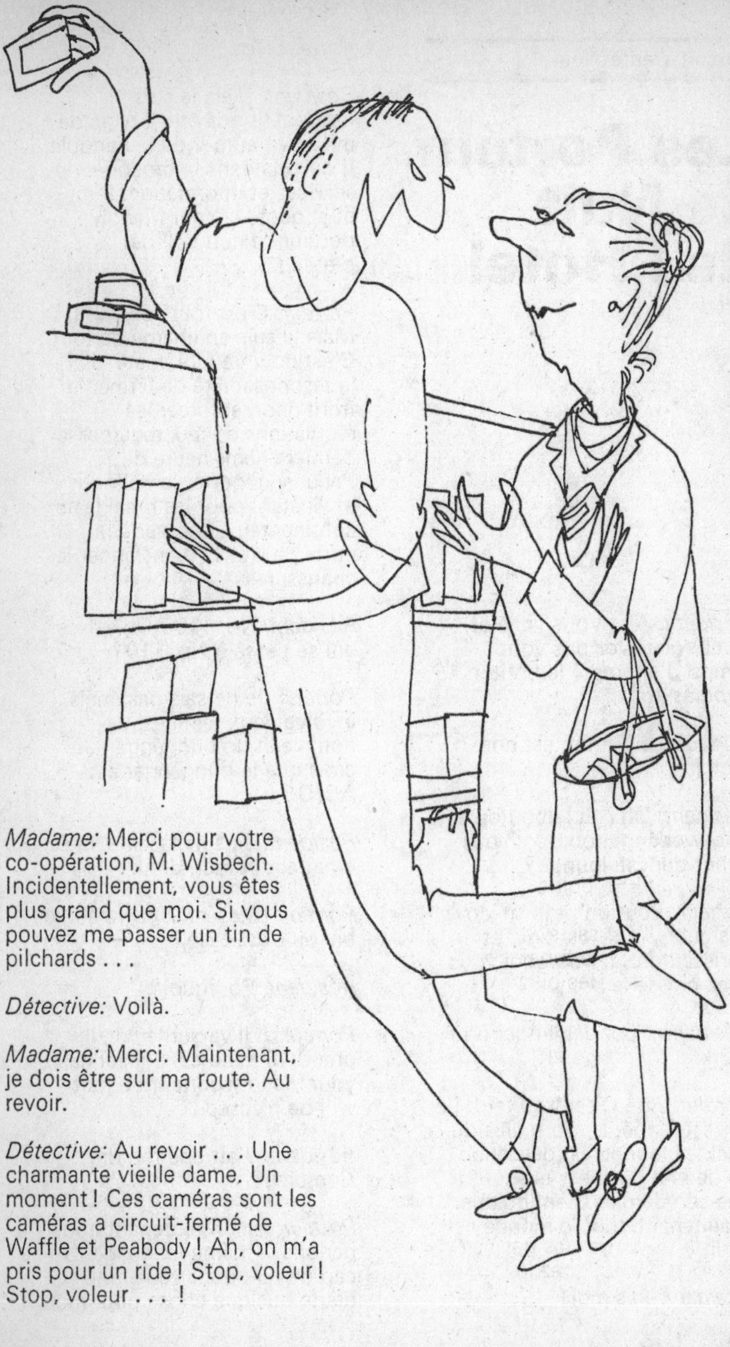

Madame: Merci pour votre co-opération, M. Wisbech. Incidentellement, vous êtes plus grand que moi. Si vous pouvez me passer un tin de pilchards . . .

Détective: Voilà.

Madame: Merci. Maintenant, je dois être sur ma route. Au revoir.

Détective: Au revoir . . . Une charmante vieille dame. Un moment ! Ces caméras sont les caméras a circuit-fermé de Waffle et Peabody ! Ah, on m'a pris pour un ride ! Stop, voleur ! Stop, voleur . . . !

Les Porteur de Nuit de l'Hôtel

Résident: Ah ! Vous voilà at last ! Vous avez pris votre temps. J'ai pressé le bouton *15 minutes ago.*

Porteur: Le bouton est non-working.

Résident: Oh ? Si le bouton est non-working, pourquoi vous venez dans la lounge ?

Porteur: Pour un petit sit-down. Ma cubby-hole est tiny, et périssant froid. Pourquoi vous avez pressé le bouton ?

Résident: Pour demander un drink.

Porteur: Ah ! C'est trop tard. Le bar est fermé. Le portcullis du cocktail lounge est descendu. Le dernier business exécutif a pris son dernier Glenfiddique. Maintenant, tout le monde est au lit.

Résident: Pas moi !

Porteur: Tough.

Résident: Mais je suis un résident ! Vous êtes obligé de me servir autour de la pendule. Il dit cela dans la brochure de services et information. Il dit— et je quote—'Your friendly porteur de nuit will be pleased . . .'

Porteur: C'est tout very well. Mais je suis en charge de tout. C'est down à moi, mate. J'ai la responsabilité de fermer le front door, enforcer les régulations de feu, regarder la dernière demi-heure de Parkinson, porter le Kelloggs et l'instant pour les breakfasts continentaux, écouter à la porte de No. 110, mélanger les chaussures . . .

Résident: No. 110 ? Qu'est-ce qui se passe à No. 110 ?

Porteur: Je ne sais pas, mais il involve deux femmes, un homme et un budgérigar. Je crois que le budgérigar est AC/DC . . .

Résident: Je suis fasciné, mais what about mon drink ?

Porteur: Dites-moi, ça va sur le bill ou c'est cash ?

Résident: Pourquoi ?

Porteur: S'il va sur le bill, il prend 45 minutes. S'il est cash, your friendly porteur de nuit will be pleased . . .

Résident: J'attrape ton drift. Combien ?

Porteur: Ah ! Maintenant nous parlons la même language. Un cap de nuit pour vous, une petite quelque chose pour moi, c'est cinq quid, pas de questions demandées.

Résident: C'est un peu steep pour 1/6 d'un gill. C'est combien la bouteille de Grouse Célèbre ?

Porteur: Cinq quid aussi.

Résident: Done ! Right, une bouteille—et deux glasses . . .

Porteur: Par une chance extraordinaire, j'ai avec moi une bouteille de la Grouse Fameuse. Ah, c'est une vie dure, être un porteur de nuit . . . Cheers !

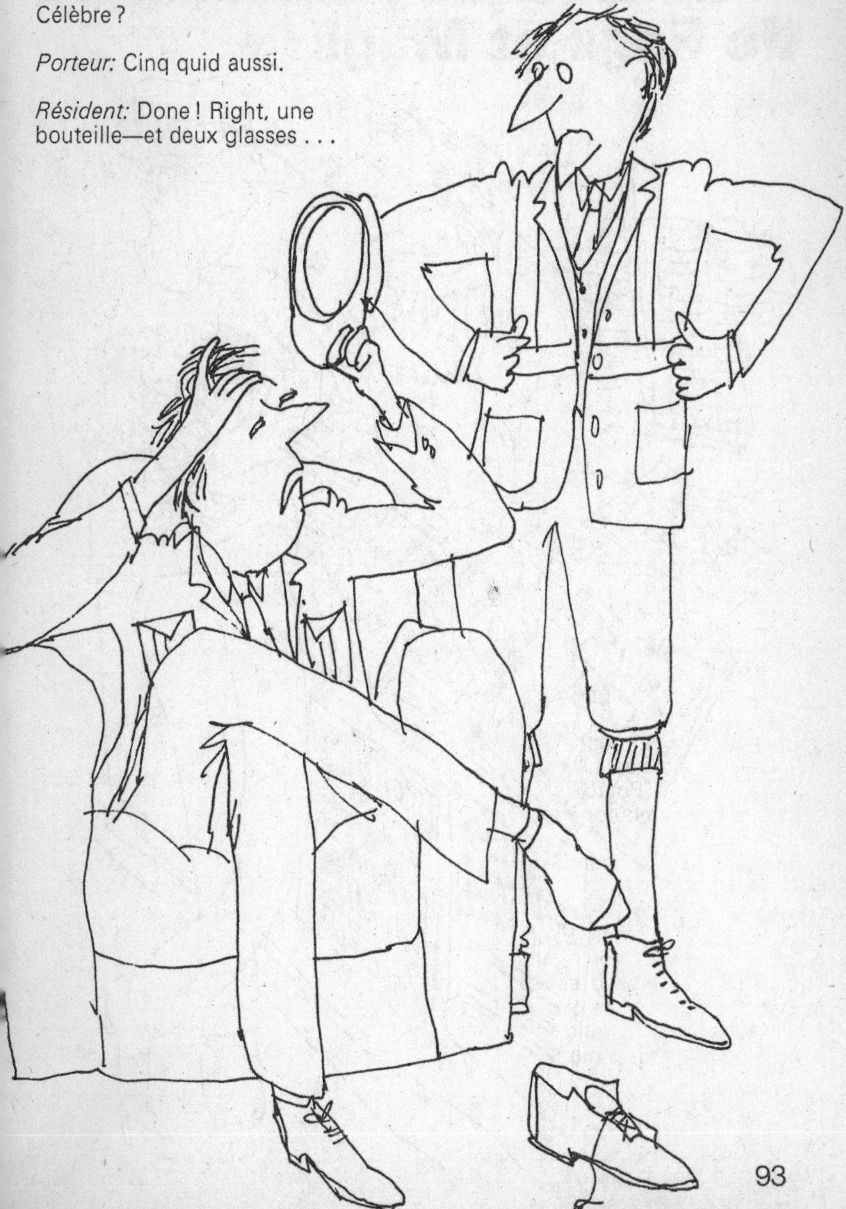

Lesson Quarante

A la Kiosque de Fags et Mags

Kioskman: Oui, monsieur?

Monsieur: Oui. Une boîte d'allumettes, svp.

Kioskman: Bon. Nous avons les following categories: 1) Les bons matches d'Angleterre, dans une boîte avec un rotten joke à la flipside . . .

Monsieur: Non, merci.

Kioskman: 2) Les book-matches, fabriqués de wet cardboard, qui incinèrent votre thumb-nail . . .

Monsieur: Non, merci, ditto . . .

Kioskman: 3) Une boîte de matches importés de Russie ou Finlande, contents avérages 14, qui sont un hazard de feu dans toutes les langues . . .

Monsieur: Non, likewise.

Kioskman: Ou 4) Une grande boîte de 1,000 matches de kitchen, qui tombent sur le floor à chaque opening.

Monsieur: Pas likely. Donnez-moi un lighter français chuck-away.

Kioskman: Bon. Voilà.

Monsieur: Et un bar de choco.

Kioskman: Nous avons le Twister (choco de mint), le Hunky (choco de biscuit), le Honeymoon Special (Hunky avec fancy wrapping), et le Big-Bite (choco de macho).

Monsieur: Je désire le plain chocolat.

Kioskman: Ah, monsieur, nous n'avons pas le plain chocolat. C'est old-fashioned.

Monsieur: Alors, donnez-moi un bar de choco français chuck-away.

Kioskman: Bon. Quelque chose d'else?

Monsieur: Oui. Une plume de point de balle.

Kioskman: Français chuck-away?

Monsieur: Of course.

Kioskman: There vous allez.

Monsieur: Vous avez d'autres choses françaises et chuck-away?

Kioskman: Beuh . . . non. Ah, oui! Les Gitanes . . . les singles de Sacha Distel . . . les purple cachous avec flaveur d'after-shave . . . les miniatures de plonk . . . les remainders de Tin-Tin . . .

Monsieur: Je les prends tous!

Kioskman: Bon. Ça fait £14.60 . . . À propos, vous êtes un loony millionaire français ou quoi?

Monsieur: Non. Je fais la recherche pour la publication: *Lequel?* Vous êtes nominé comme un best buy.

Kioskman: Ah non, ah non! Si vous mettez ma kiosque dans *Lequel?* j'aurai une invasion de week-end shoppeurs français.

Monsieur: C'est curieux. Toutes les kiosques disent ça.

Kioskman: C'est parce que les Français sont les shop-lifteurs les plus ingénieux de l'Europe.

Monsieur: C'est vrai?

Kioskman: Oui. Ils viennent over here et (*Censoré par le Board de Relations de Race*).

RAILCARTE FRANGLAISE

OFFRE SPECIALE AUX READERS!

Jacques Saville OBE dit:

"Hi, guys et filles ! Maintenant Rail Britannique vous offre une speciale railcarte franglaise. Howzabout cela ? Terrif, hein ?

"C'est très facile à operer. Si vous *commencez* votre voyage dans une gare en Angleterre, et si vous terminez le trip dans une gare *française*, votre railcarte vous entitule à—

Un verre de vin libre
Un paquet de pills de mal de mer
Un map du Channel
Insurance comprehensive contre bloquage naval, trawlerpersonnes enragées, action industrielle Sealinkienne, etc., etc. . .

Vous payez la full fare. Mais vous pouvez prendre avec vous, absolument gratuitement, une girlfriend, un gigolo, votre au pair, un string d'oignons, un lamb anglais, une bicyclette, une quartette de string, un vanload de Marks et Spencer, etc., etc.

Pas mauvais, eh ? Donnez-lui un whirl !"

Pour extra détails, écrivez a :—

Encore une Offre Crazy de Rail Britannique
Railcarte Maison
Platform 14
Junction de Clapham
London SE21.20 (excepté Samedi)

**NOUS REGRETTONS,
NO SUPPORTEURS DE FOOTBALL!**